D0208504

Don Álvaro
o la fuerza del sino

Letras Hispánicas

Ángel de Saavedra
Duque de Rivas

Don Álvaro
o la fuerza del sino

Edición de Alberto Sánchez

TRIGESIMOCTAVA EDICIÓN

CÁTEDRA

LETRAS HISPÁNICAS

1.ª edición, 1975
38.ª edición, 2019

Ilustración de cubierta: Nacho

© Ediciones Cátedra (Grupo Anaya, S. A.), 1975, 2019
Juan Ignacio Luca de Tena, 15. 28027 Madrid
Depósito legal: B. 26.842-2010
I.S.B.N.: 978-84-376-0057-4
Printed in Spain

Índice

Introducción 9

   Vida del Duque de Rivas.................................... 11
   Obras del Duque de Rivas................................. 20
   Don Álvaro o la fuerza del sino 24

Bibliografía.. 39

Don Álvaro o la fuerza del sino 43

   Jornada primera 45
   Jornada segunda.. 73
   Jornada tercera 103
   Jornada cuarta.. 135
   Jornada quinta 163

Introducción

Vida del Duque de Rivas

Patria y familia

Hay escritores cuya vida fulgurante, alterada por vaivenes de la fortuna superados con gallardía, ayuda a comprender muchos aspectos de la obra literaria. Tal es el caso del autor de *Don Álvaro o la fuerza del sino*.

Fue natural de Córdoba, la ciudad andaluza, romana, cristiana y mora, crisol de culturas: patria de Séneca, Aben Házam y Maimónides. Gloriosa «tanto por plumas cuanto por espadas», como cantó Góngora, uno de sus hijos preclaros; allí se pudo cortar la pluma del poeta Juan de Mena y se templó la espada del Gran Capitán. Y el futuro Duque de Rivas había de armonizar durante su juventud el ejercicio de la pluma con el de la espada, continuador de una tradición clásica de armas y letras.

Cuando terminaba la centuria *ilustrada* por el racionalismo francés, Ángel de Saavedra y Ramírez de Baquedano, segundón de antigua y nobilísima estirpe, nace en la ciudad de la Mezquita el día 10 de marzo de 1791. Su padre, don Juan Martín de Saavedra, marqués de Rivas de Saavedra, alcanzó la grandeza de España cuando nuestro biografiado sólo contaba un año; y algún tiempo después, la dignidad nobiliaria del ducado de Rivas, que había de heredar muy pronto su primogénito Juan Remigio. Su madre, doña María Dominga Ramírez de Baquedano y Quiñones, marquesa de Andía y Villasinda, sobrevivió bastantes años a su esposo.

Juventud

Destinado a la carrera militar, Angel de Saavedra cursó estudios en el Real Seminario de Nobles, de Madrid (1802-1806), y allí se despertó su vocación literaria, quizá estimulada por su profesor de Retórica y Poética, Demetrio Ortiz.

Hasta el levantamiento nacional contra los franceses, comienzo de la Guerra de la Independencia (1808), Saavedra formó parte del cuerpo de Guardias de la Real Persona, destino militar y palaciego en consonancia con su prosapia familiar. Entonces pudo conocer la política ambiciosa y personalista del favorito Godoy y las vacilaciones del rey Carlos IV, en lastimosa pleitesía hacia Napoleón. Pero la nación española veía la situación con más claridad y terminó por declarar la guerra al emperador de media Europa.

Su vida militar

Los hermanos Saavedra huyen de Madrid y se incorporan en Zaragoza al ejército de los patriotas. Ángel de Saavedra consagra sus breves ocios de campaña a la pintura y la poesía. Y exalta, con elocuencia lírica digna de Quintana, «A la victoria de Bailén» (1808).

La guerra tiene alternativas crueles y el joven poeta cae gravemente herido, tras lucha desigual y heroica, en la batalla de Ocaña, el 18 de noviembre de 1809.

> Con once heridas mortales,
> hecha pedazos la espada,
> el caballo sin aliento
> y perdida la batalla,
> manchado de sangre y polvo,
> en noche oscura y nublada...

escribe doliente en el hospital de Baza.

Que fuesen *mortales* las once heridas nos suena a hipérbole poética, felizmente para la literatura española que esperaba mucho del herido.

12

Refugiado en Málaga y muy quebrantado aún, se vio obligado a prometer «obediencia y sumisión» al rey intruso José Bonaparte. Pero logró escapar a Cádiz y ponerse otra vez al servicio de la causa española, como ayudante en el estado mayor del general Blake.

Fue herido de nuevo por las bayonetas francesas en la batalla de Chiclana, el 5 de marzo de 1811; y en el siguiente año pudo cantar, en una oda heroica, imitación del «divino» Herrera, a «Cádiz libre del sitio»: el Cádiz de las Cortes y la Constitución de 1812.

Político

Terminada la campaña, solicita y obtiene el retiro con el grado de teniente coronel de Caballería, alcanzado por méritos de guerra, y se instala en Sevilla. Pese a que Fernando VII no le concede el ascenso a brigadier, aunque sí a coronel, en Sevilla transcurre un plácido quinquenio de su vida (1814-1819): amores, versos, pintura, teatro y toros, le distraen agradablemente. «La dulce lira y el pincel divino» vibran gloriosos en manos de Saavedra, según el poeta Nicasio Gallego, recluido a la sazón por sus ideas liberales. La revolución de 1820 y los oficios de su amigo Alcalá Galiano, hijo del héroe de Trafalgar, le llevan a la actuación política; diputado por Córdoba, actúa Saavedra en las Cortes de 1822 como liberal exaltado.

El destierro

Restaurada la monarquía absolutista de Fernando VII, tuvo que salir de España nuestro autor para escapar a la última pena. Cádiz, Gibraltar y Londres jalonan la ruta amarga del exilio; a bordo de un buque extranjero, improvisa unos versos quejumbrosos, imitando al salmo *Super flumina Babylonis*. El *Quijote* y una antología preparada por Quintana —*Poesías selectas castellanas*— le acompañarán como «amigos inseparables» en su forzada peregrinación. Desde fines de mayo de 1824 hasta comienzos de 1825 permaneció en Londres, precisamente cuando se inicia el Romanticismo entre los españoles de la emigración —Espronceda, José Joaquín de Mora, Alcalá Galiano— al contacto con el ambiente europeo. Los poemas de Saavedra escritos en Londres —«El desterrado», «El sueño del proscrito» y «Florinda»— anuncian ya la nueva sensibilidad romántica.

En Malta

Casado por poderes con doña María Encarnación Cueto, se reunió con ella en Gibraltar y vivieron en la isla de Malta desde 1825 a 1830, fecundo y significativo periodo literario en la vida de Saavedra. Su amigo John Hoockham Frere, otrora embajador inglés en Madrid, le regala una antigua colección completa de las obras de Lope de Vega y le suscita renovada afición por nuestra literatura clásica, al propio tiempo que le aficionaba a Shakespeare, lord Byron y Walter Scott. Comienza Saavedra a componer obras de sabor romántico: la dedicada «Al faro del puerto de Malta» o la que se inspira en la tradición épica de los Infantes de Lara *(El moro expósito).*

En 1830 se traslada a París, donde vuelve a reunirse con su inolvidable Alcalá Galiano. Se familiariza con el romanticismo francés triunfante: Víctor Hugo, Lamartine, Merimée, Dumas padre...

También residió por entonces en Orleans y Tours, dedicado a la enseñanza y práctica de la pintura como principal medio de subsistencia, no muy holgada por cierto. En Tours parece que escribió *Don Álvaro,* por lo menos en su primera versión destinada a un teatrito de la capital de Francia. La oda «A mi hijo Gonzalo, de edad de cinco meses» está fechada en París, enero de 1832.

Regreso a España

Estos años de bohemia y estrechez terminan al morir Fernando VII en 1833. Una amnistía política permite a Saavedra volver a su patria. Llega a España en los primeros días de 1834, cumplidos los diez años de destierro.

El fallecimiento de su hermano mayor, en mayo del mismo año, le convierte en Duque de Rivas, título que ha de ir siempre unido a su gloria literaria. Su vida adquiere un ritmo ascendente, identificado ahora con la espiral romántica: en 1834 se sienta en el Estamento de Próceres de las Cortes e ingresa en la Real Academia Española, publicado ya *El moro expósito*. Y en 1835 estrena su drama *Don Álvaro o la fuerza del sino,* síntesis de todas las audacias del nuevo movimiento literario.

Político, de nuevo

Sube a la presidencia del Ateneo, recién creado, por gran mayoría de votos y, tras la caída del ministerio Mendizábal, es designado ministro de la Gobernación en el gabinete moderado de Istúriz (1836), junto a su veterano amigo Alcalá Galiano, encargado de la cartera de Marina. Los revolucionarios más avanzados del trienio 1820-23 formaban parte ahora de un ministerio acusado de retrógrado y derrocado al poco tiempo por los llamados progresistas. Otra vez tiene que huir de España por motivos políticos. Se traslada a Lisboa y de allí a Gibraltar, para volver a la patria al año siguiente, al promulgarse la Constitución de 1837, moderada en su esencia, aunque democrática en la forma. Después de un periodo sevillano de creación literaria, la política le llama otra vez a Madrid, tras la caída de Espartero. Nombrado senador por Córdoba, fue de los que abogaron por adelantar la mayoría de edad de Isabel II.

En Nápoles

Embajador de España en Nápoles, desempeñó el cargo con reconocida prudencia desde 1844 al 1850, en medio de las jornadas revolucionarias de 1848, por lo que mereció sendas condecoraciones del rey de las dos Sicilias y del Papa.

Ferrer del Río lo retrata nostálgico de sus tertulias literarias españolas, con el estilo ampuloso entonces de moda:

«Haber nacido en la encantadora Andalucía, ser pintor y poeta, y vivir bajo el hermoso cielo de Nápoles parece el colmo de la ventura; disfrutárala indudablemente el Duque de Rivas si desde las cenicientas pendientes del Vesubio divisara de vez en cuando la airosa Giralda, o si interrumpiera a deshora sus ocios de embajador de Isabel II en la corte de las dos Sicilias, la presencia de algunos amigos suyos también poetas, también ceñidos de lauros, como él, entusiastas y expansivos y ávidos de impresiones. Describa hoy en bellas estrofas el sentimiento que le causa vivir ausente del círculo literario que endulzara un día sus pesares y fuera de continuo su más grata delicia: mañana tornará a los brazos de sus numerosos apasionados y conquistará nuevos triunfos poéticos.» *(Galería de la Literatura Española,* Madrid, Tip. Mellado, 1846.)

Fueron años muy fecundos para la creación literaria del Duque de Rivas, en prosa y en verso... En la embajada de Nápoles tuvo de secretario a don Juan Valera pues allí comenzaba su fulgurante carrera diplomática quien había de ser, andando el tiempo, celebradísimo autor de la novela *Pepita Jiménez.*

Rivas le recordará, algunos años después, en una composición familiar, rebosante de tierno afecto y confianza:

> Valerita, Valerita,
> el de la inmensa lectura
> y de vena tan graciosa,
> tan fácil, tan andaluza,
> ¿no te acuerdas del Vesubio
> ni de Puzoli y su gruta
> ni de los pasados días
> que te eché tantas pelucas?

Por su parte, Valera en su vejez evocaba los días felices napolitanos y la simpática figura de Rivas: «Aun hablando el Duque el francés y el italiano no con pronunciación muy correcta ni con pleno rigor gramatical acaso, era tan señor en su apariencia y modales, y era tan galante, tan discreto, tan entretenido cuando hablaba, que en Nápoles hacía el encanto de la alta sociedad, y era estimadísimo de todos sus personajes más ilustres y de los individuos del cuerpo diplomático, entre los cuales figuraba entonces el príncipe Félix de Schwarzenberg, quien después se hizo tan famoso gobernando el imperio austriaco y salvándole de inminente ruina. Este príncipe, mientras vivió en Nápoles, fue el más íntimo amigo del Duque de Rivas.»

Y añade Valera con el mayor entusiasmo: «Yo, por mi parte, no recuerdo haber tratado a sujeto alguno que me entretuviese y embelesase más conversando; que guardase más cuentos, chascarrillos o sucedidos, en la memoria o que los inventase; que los refiriese más a propósito y con más chiste; y que fuese inagotable y nuevo como él, hasta el extremo de que nadie pudiese vanagloriarse de *sabérsele de memoria,* como solemos *sabernos de memoria* a otros sujetos con quienes hablamos todos los días. El Duque tenía, en grado superlativo, la facultad y el arte de lo que llaman los franceses *causerie.*»

Ministro fugaz

En 1852, Rivas entra a formar parte de la Real Academia de la Historia; también había de figurar en la de Bellas Artes de San Fernando.

Entre los vanos intentos para apuntalar la causa moderada, en plena revolución de julio de 1854, Rivas se vio comprometido de nuevo en la gestión ministerial y llegó a ocupar incluso la presidencia del gobierno, si bien por un exiguo plazo que no llegó ni a las cuarenta y ocho horas.

Diplomático otra vez

Más grata le resultó la vuelta a la diplomacia y su actuación de embajador en el París del segundo imperio (1857-58), exornado por la belleza de la emperatriz Eugenia de Montijo. («Como españoles no podemos olvidar que Eugenia de Montijo y Mariano Fortuny han sido las dos últimas victorias de España sobre Europa», había de decir en 1920 Ortega y Gasset.)

Últimos años

Viejo y enfermo el Duque de Rivas, aún pudo colaborar en un romancero de circunstancias, al calor de la victoriosa campaña de Marruecos, pomposamente llamada guerra de África (1859-60).

Se acumulan las bandas y distinciones sobre su pecho cansado. Al morir Martínez de la Rosa (1862), el Duque de Rivas ocupa la presidencia de la Real Academia de la Lengua; en 1863 es presidente del Consejo de Estado; caballero del Toisón de Oro...

Realizado plenamente su destino vital, y pocos meses después de morir Antonio Alcalá Galiano, su amigo entrañable, fallece el Duque de Rivas en Madrid, el 22 de junio de 1865.

Rivas y Alcalá Galiano

Notable coincidencia en la cita de la muerte a dos personajes, casi de la misma edad, tan unidos en vida. De más empuje político Alcalá Galiano, con mayores dotes de creación poética el Duque de Rivas, sus destinos se enlazan en el desengaño político y en las ilusiones literarias. Alcalá Galiano puso al frente de *El moro expósito*, en nombre del autor, un prólogo considerado por algunos como el manifiesto del romanticismo español; y el Duque de Rivas dedicó *Don Álvaro* al mismo Alcalá Galiano, «en prueba de constante y leal amistad, en próspera y adversa fortuna».

En alternancia discordante, los dos fueron durante su juventud muy revolucionarios en política y clasicistas en literatura, para saltar en su madurez al revolucionarismo romántico de las letras cuando en política ocupaban sillones ministeriales del partido moderado. Después, un ponderado eclecticismo político y literario atempera las dos últimas décadas de una y otra vida.

Al morir el Duque de Rivas era director de las Reales Academias de la Lengua y de San Fernando, que honraron su memoria en solemnes sesiones celebradas al año siguiente.

El 4 de marzo de 1866 leyó un extenso discurso necrológico don Leopoldo Augusto de Cueto, marqués de Valmar, erudito académico de la Española y hermano político del difunto Duque de Rivas. Hacía grandes elogios de su poesía épica y señalaba en los romances históricos la cima de su creación. En cuanto al *Don Álvaro* supuso en la escena española de 1834 «una osadía de las que forman época en la historia de las transformaciones literarias». Pero «aquello que parecía nacido de impulso extranjero (francés), no era en realidad, merced al sello eminentemente español estampado en aquel drama extraordinario, sino la resurrección de las verdaderas tradiciones de nuestro teatro en la era de su independencia y de su gloria». No veía en el *sino* de *Don Álvaro* la reminiscencia de un fatalismo pagano, sino una «lección tremenda de la moral cristiana».

Terminaba con el balance luctuoso de los académicos fallecidos durante el año anterior: «Apartemos con horror la vista del año 1865, año funesto que nos ha arrebatado cinco compañeros, eminentes varones de la Academia y la nación...» Seguía la enumeración, por orden cronológico de las defunciones: Don Antonio Alcalá Galiano, que falleció el 11 de abril; Rivas, el 22 de junio; don Joaquín Francisco Pacheco, el 8 de octubre; el comediógrafo Ventura de la Vega, el 29 de noviembre, y el marqués de Pidal, el 28 de diciembre.

Amador de los Ríos, preclaro historiador de las letras y del semitismo español, leyó un buen elogio del Duque de Rivas en la Real Academia de Nobles Artes de San Fernando, el domingo 20 de mayo de 1866.

Ponía de relieve la innata inclinación del director desaparecido a la poesía y la pintura: «amó el duque de Rivas con ardiente amor al arte y ambicionó desde su primera juventud con igual anhelo la palma de Herrera y de Calderón, de Velázquez y de Murillo». Nicomedes Pastor Díaz, su «mejor biógrafo» (hoy diríamos que había de ser superado por don Juan Valera), dijo de Saavedra que necesitó desde los albores de su vida intelectual «cantar lo que sentía y pintar lo que miraba». Como síntesis poética de estas opiniones transcribía el soneto que Juan Nicasio Gallego dedicó a nuestro poeta en 1819. Copiamos solamente los cuartetos:

Tú, a quien afable concedió el destino,
digna ofrenda a tu ingenio soberano
manejar del *Aminta* castellano
la dulce lira y el pincel divino;

vibrando el plectro y animando el lino,
logras, Saavedra, con dichosa mano,
vencer las glorias del cantor troyano,
robar las gracias del pintor de Urbino...

(Nótese el énfasis retórico del poeta consagrado, para saludar al joven prometedor; le compara con Jáuregui, presunto retratista de Cervantes y traductor de la *Aminta* de Tasso; y, en hipérbole desmesurada, se alude a las glorias del poeta Homero y a la gracia pictórica de Rafael.)

Amador de los Ríos pone de relieve lo que debió el poeta al pintor en las descripciones, e incluso detalles arqueológicos, de los *Romances históricos* o en la leyenda de *El moro expósito*. Pondera la frescura, viveza y colorido de sus retratos, poéticos o en el lienzo. Si bien ha de reconocer el sensible desequilibrio de las condiciones de poeta y pintor, a favor del primero: «No llegó para el pintor aquel supremo momento que determinan en la vida del poeta la grandiosa narración de *El moro expósito* y la dramática historia de *Don Álvaro...*»

OBRAS DEL DUQUE DE RIVAS

Primeras obras

Es muy extensa la obra literaria de nuestro autor y por eso hemos de limitarnos a una breve enumeración cronológico-analítica de los títulos más importantes.

En 1814 publicó en Cádiz su primer libro de *Poesías*, cuya segunda edición, corregida y muy ampliada, salió en Madrid el año 1820, en dos tomitos, con cariñosa dedicatoria a su madre: «en testimonio de amor, de respeto y gratitud».

Al frente de estas poesías juveniles declaraba: «En todas ellas he procurado imitar la sencillez en el modo de decir y presentar los pensamientos que ostentan nuestros mejores poetas del siglo XVI. Y aunque no me lisonjeo de haberlo conseguido, me contento sólo con haberlo intentado.» Hay en este libro epístolas, églogas y elegías de empaque neoclásico; poesías patrióticas que nos recuerdan más a Quintana que a Herrera; romancillos —alguno inspirado en Góngora, como el que comienza «Hermana Juanilla»—, letrillas, cantilenas y romances melosos en la línea poética de fines del siglo XVIII, y una declarada imitación de la *Fábula del Genil* de Pedro de Espinosa, en el poema *Adelfa*, definido como égloga, pero construido según el marco estético de la fábula mitológica de tradición renacentista.

Alcalá Galiano juzgó estas poesías juveniles con cierto rigor benevolente: «Hasta en sus primeros ensayos, siendo mediocres como eran, Saavedra dio promesas de futura excelencia. Es verdad que los asuntos de sus versos y sus pensamientos eran lugares comunes y procedentes de libros y no de la naturaleza. Sin embargo, había en sus poemas una fluidez armoniosa, una facilidad y cierta fastuosa abundancia de lenguaje reveladora de la fértil imaginación que poseía el autor. Su aspiración era escribir como Herrera y Rioja...»

Las tragedias *Aliatar* (Sevilla, 1816) y *Lanuza* (Madrid, 1822) siguen fundamentalmente las normas del teatro neoclásico de tema histórico. Menos importancia tienen *El Duque de Aquitania* y *Malek-Adhel* (Madrid, 1820).

Su romanticismo inicial

El moro expósito o Córdoba y Burgos en el siglo X (París, Librería Hispano-Americana, 1834), señala el tránsito al romanticismo medievalista con raíces en la epopeya tradicional española. Su asunto es la tragedia familiar de los Infantes de Lara y la venganza del bastardo Mudarra, exaltada también por Víctor Hugo en una de sus *Orientales*. Al frente figuraba una larga dedicatoria en inglés a John H. Frere, como reconocimiento de una deuda cultural: «gracias a un extranjero, la vieja leyenda que en su propia tierra parecía agotada con los siglos, recobra un brillo sin igual, vivificando una obra revolucionaria y demoledora, destinada a abrir una nueva era en la literatura peninsular», ha escrito Menéndez Pidal. El prólogo, ya mencionado, de Alcalá Galiano «es para el romanticismo en España lo que el prefacio del *Cromwell* (1823) de Víctor Hugo es para el romanticismo de Francia».

Comedias

Después de la plenitud romántica del drama *Don Álvaro o la fuerza del sino* (Madrid, 1835), estrena varias comedias: *Tanto vales cuanto tienes* (1840), *Solaces de un prisionero, o tres noches de Madrid* y *La morisca de Alajuar;* son tres piezas de tono discreto que no añaden gran cosa a la fama del autor.

Los «Romances históricos»

No puede decirse lo mismo de sus excelentes *Romances históricos* (París, 1841), llenos de interés, amenidad y vigor descriptivo, en la forma castellanísima del romance octosílabo, que recuerda la mejor tradición áurea. Se han reeditado muchas veces y han conseguido gran popularidad. Destacan entre ellos «Un castellano leal», «Una antigualla de Sevilla», «El conde de Villamedina» y algún otro.

Últimos escritos

El desengaño en un sueño (Madrid, 1844) es un drama fantástico y desigual, de corte calderoniano y filosófico, relacionado con el *Traum ein Leben* de su contemporáneo alemán Grillparzer.

En prosa compuso el Duque de Rivas cuadros de costumbres, como *El hospedador de provincia* y *El ventero*, este último con recuerdos personales de su fuga a Portugal en 1836; fueron incorporados a la colección de *Los españoles pintados por sí mismos* (Madrid, 1843-1844). Y el estudio histórico titulado *Sublevación de Nápoles, capitaneada por Masaniello, con sus antecedentes y consecuencias, hasta el restablecimiento del gobierno español*, episodio muy importante en el reinado de Felipe IV.

Otras obras en prosa son sus discursos académicos. El de recepción en la Real Academia de la Historia, pronunciado el 24 de abril de 1853, desarrolló el tema *Utilidad e importancia del estudio de la Historia y acierto con que le promueve la Academia*. Defiende el sentido providencialista de la historia, considerada como estudio de la humanidad. Le contestó Francisco Martínez de la Rosa, quien exaltó los romances históricos de Rivas y su *El moro expósito* como genuina interpretación de la epopeya popular de España.

En la Academia de la Historia, Rivas cubría la vacante producida por la muerte del duque de Frías, don Bernardino Fernández de Velasco.

Las *Obras poéticas* del duque de Frías, neoclásicas, oratorias, con sentimientos patrióticos e ideas de la Ilustración, fueron publicadas póstumamente por la Real Academia Española (1857), con un prólogo del Duque de Rivas.

También debemos recordar su discurso de contestación a Cándido Nocedal en su disertación de ingreso en la Academia Española, publicados los dos en 1860; versan sobre la novela, que Rivas considera como el género literario más importante y trascendental de la sociedad moderna, aunque previene contra *nocivas* contaminaciones ideológicas que pueda acarrear; cree que por las novelas francesas, lectura favorita de las mujeres, se «infiltró en las masas los deletéreos principios del socialismo y la democracia, que estallaron, como la lava de los volcanes, en medio de la revolución del 48, conmoviendo todos los tronos de Europa».

Pero reconoce que la novela, en absoluto, no es buena ni mala, sino una poderosa palanca, a merced del que la dirija. Sobre el modelo de Cervantes, afirma que el novelista ha de ser el reflejo de la sociedad en que vive y para la que escribe.

Lamenta que haya pocas novelas en España cuando tantos de sus dramas y comedias encierran magníficos argumentos novelescos.

Elogia a unos pocos novelistas franceses, como Saint Pierre y Chateaubriand, la novela histórica del escocés Walter Scott y el sentido moralizador de la novelista española Fernán Caballero. Precisamente, *La familia de Alvareda* (Madrid, Tip. Mellado, 1856), novela original de esta escritora, lleva un prólogo del Duque de Rivas, donde se abunda en los mismos criterios.

En estos últimos escritos vemos la creciente preocupación del aristócrata liberal frente a las nuevas ideas del siglo —democracia, socialismo marxista— que pugnaban por abrirse paso en la opinión europea, amenazando las viejas estructuras de la sociedad.

«Don Álvaro o la fuerza del sino»

Asunto de la obra

Don Álvaro, indiano rico y de misterioso origen, se ha convertido en ídolo del pueblo sevillano, porque «es todo un hombre», «generoso y galán», el mejor torero de España, «buen cristiano y caritativo». Está muy enamorado y quiere casarse con doña Leonor, hija del marqués de Calatrava, quien se opone rotundamente a la boda por considerar al pretendiente como un aventurero advenedizo. Planean los enamorados la fuga para contraer matrimonio. Las vacilaciones de ella retrasan la marcha y advertido el padre los sorprende, pero muere por accidente al dispararse la pistola arrojada al suelo por don Álvaro, que no quiere pelear contra el marqués.

Separados en la refriega de sirvientes que sigue a la desgracia, doña Leonor se retira, pasado un año, a practicar dura penitencia en un yermo de la serranía cordobesa; y don Álvaro, que la cree muerta, se marcha a Italia, donde alcanza reputación de «bizarro militar», «prez de España» y «flor del ejército», porque lucha con valentía temeraria. En Veletri le descubre don Carlos de Vargas, mayorazgo del difunto marqués de Calatrava, y le desafía resuelto a matarle. Don Álvaro no quiere, pero se ve arrastrado a un duelo en el que muere don Carlos. Arrestan a don Álvaro por haber contravenido la ley que prohíbe los desafíos; el inesperado ataque del ejército enemigo le liberta, aunque para luchar con los suyos en busca desesperada de la muerte y con promesa de retirarse del mundo si queda vivo. Así es; y en cumplimiento de lo ofrecido vuelve a España e ingresa en la orden franciscana.

El padre Guardián del convento de los Ángeles, en las montañas de Córdoba, nos lo define como «un siervo de Dios, a quien todos debemos imitar». Casi cuatro años lleva de vida ejemplar, consagrada a la penitencia, cuando llega al convento en su busca don Alfonso de Vargas, el otro hermano de doña Leonor, poseso de furor vengativo. Después de tenaz oposición por parte de don Álvaro, salen del monasterio a batirse. Cae mortalmente herido don Alfonso, piden auxilio espiritual a una gruta que sirve de ermita y surge de allí doña Leonor, ignorada penitente de aquel retiro. Don Alfonso cree que estaban de acuerdo los dos enamorados y aún tiene fuerzas en su agonía para apuñalar a su hermana, que se ha acercado a socorrerle. Sale la comunidad al oír la campana de la ermita; y don Álvaro, en medio de la tormenta, convulso por loco arrebato, se suicida arrojándose desde lo alto de un risco, ante los frailes que ruegan consternados: «Misericordia, Señor, misericordia.»

Su significación

Una concatenación fatal de sucesos persigue a don Álvaro. Los «rigores de una estrella adversa», el hado implacable, «el furor de los astros», se encarnizan en él. La fuerza inquebrantable de un sino contrario, preconizada por el mismo título del drama, parece su más profunda significación. Para ello se acumulan las casualidades, contra las que nada puede la voluntad del protagonista. Los amigos del Duque de Rivas pensaron en el *ananké* de la tragedia griega y llamaron a *Don Álvaro* el *Edipo del cristianismo*, cuando en realidad es muy diferente el espíritu de los dos personajes.

También se habló del fatalismo musulmán, de cierto arraigo entre los andaluces. «Todo está escrito», «nadie puede escapar a su suerte» son frases corrientes entre el pueblo; hay gente de buena o de mala estrella. La fatalidad sería, por tanto, el verdadero tema de la obra, fuera de la libertad cristiana, premisa de la responsabilidad por nuestros actos.

Pero no opinaba así Cañete: «El Duque de Rivas no abandona su héroe a los horrores de una predestinación criminal inevitable como la de *Edipo*, sino que le condena a experimentar las consecuencias del *fatalismo del error voluntario*, digámoslo así, que por una sucesión infalible nos precipita de abismo en abismo cuando la razón no nos detiene al borde de ninguno de ellos.» No es la *fatalidad*, no es el *sino* quien impulsa a don Álvaro por un sendero ineludible; entre el sentimiento del deber y el desvarío de la pasión hay gran diferencia y pudo escoger el mejor camino. Si don Álvaro no hubiera intentado robarla; si doña Leonor hubiera tenido obediencia filial y decoro...

Diríamos que si todavía viviese su madre, a quien ella echa de menos en un verso muy sincero, las cosas podrían haber tomado otro rumbo. También nosotros echamos de menos la presencia de una madre suave y cariñosa en muchos dramas del honor calderoniano. En realidad, como ha señalado Sedwick, el tema general del *Don Álvaro* es el de los «médicos de su honra», prodigados en el teatro clásico español. El marqués de Calatrava y sus hijos defienden hasta la muerte una idea convencional y deshumanizada del honor, al tiempo que se apolillan sus tapices en una ruina lenta y sin remedio. El mismo don Alfonso lo confiesa, aunque demasiado tarde: «conozco mi crimen y me arrepiento», dice al morir. Don Álvaro no es ciertamente el azote de la familia del Marqués, como estimaba Cañete. Más que de la fuerza del sino, es la víctima del orgulloso clan de los Vargas.

Sus fuentes

El drama del Duque de Rivas es original en su conjunto. Parece indudable la intervención de Alcalá Galiano en una primera redacción perdida del *Don Álvaro*, totalmente en prosa, cuando los dos amigos residían en la Turena. Por eso declaró Alcalá Galiano en la *Revista española*, del 12 de abril de 1835, que tenía por el drama «casi un amor de padre», digamos «de tío». Para Boussagol la obra fue concebida con cierto espíritu paródico y en ella se fundieron motivos de la infancia de Rivas, como el cuento del indiano, y recuerdos de una finca familiar cerca de Hornachuelos, donde pudo contemplar la quebrada del río Bembézar con el despeñadero llamado «el salto del fraile», cerca del convento de los Ángeles, o escucharía la tradición de la cueva de la mujer penitente. La figura del gracioso fraile Melitón está emparentada con el Antolín de *El diablo predicador,* de Belmonte; con fray Antonio de *El rufián dichoso,* de Cervantes, etc.

También presenta el drama notables coincidencias con *Las almas del purgatorio* (1834), de Merimée, pero está sin dilucidar la cuestión de la procedencia —¿quién copió a quién?—, pues los críticos se dividen y dan argumentos para sospechar cualquier solución.

De todas formas, queda fuera de dudas el españolismo integral en el drama del Duque de Rivas. Boussagol ve en *Don Álvaro* la más feliz combinación de la comedia española del Siglo de Oro y el teatro romántico francés.

Estilo

En *Don Álvaro* pueden estudiarse potenciadas todas las características del teatro romántico. Grito de libertad artística frente a las normas neoclásicas de las tres unidades, las conculca todas deliberadamente.

Nada más lejos de la unidad de lugar que un drama que se desarrolla, sucesivamente, en Sevilla y sus alrededores, en el pueblo de Hornachuelos (Córdoba), en Italia y otra vez en España. Contra la unidad de tiempo nos encontramos con que la obra se extiende a lo largo de más de cinco años. Y la unidad de acción se quiebra reiteradamente con pintorescas escenas costumbristas, llenas de colorido local, tan del gusto romántico. Para colmo, incluso falta lo que pudiéramos llamar unidad de composición, puesto que en la obra alternan la prosa y el verso, sistema seguido en el teatro romántico posterior: García Gutiérrez en *El trovador,* Hartzenbusch en *Los amantes de Teruel* y Zorrilla en *Los dos virreyes.* Mezclar lo trágico y elevado con lo festivo y lo cómico tampoco lo admitían los preceptistas, pero ya lo habían practicado los dramaturgos de nuestra Edad de Oro.

Los cinco actos o *jornadas* en que se divide, típicos del teatro neoclásico, pues Lope de Vega había aconsejado reducir a tres los actos de la comedia, tienen un doble ritmo: lento y moroso en los deliciosos cuadros de costumbres, rápido y precipitado cuando se pone en tensión el hilo argumental.

Sus escenas costumbristas

Cuatro, de las cinco jornadas que comprende el drama, empiezan con escenas costumbristas. La 1.ª, con el aguaducho sevillano junto al puente de Triana, donde conocemos a la simpática Preciosilla, gitana de clara ascendencia cervantina *(La Gitanilla);* canta rondeñas y corraleras, dice la buenaventura y se expresa en un lenguaje sabrosamente popular: «súpito», «cargarse de estera», «aflojar la mosca»... En la 2.ª jornada nos trasladamos al mesón de Monipodio, otro nombre sugerido por Cervantes; allí sobresale un estudiante curioso, parlanchín y pedante, que salpica su conversación de latines y cultismos rebuscados para deslumbrar a la pobre mesonera, que confunde la «ambrosía» con «la tía Ambrosia»; el sopista canta unas seguidillas impregnadas de la rivalidad amorosa entre estudiantes y soldados, urde bromas de Colegio Mayor —pintar bigotes al durmiente barbilampiño— y sonsaca a los viandantes. En el comienzo de la 3.ª jornada vemos a unos oficiales entretener las horas de campamento con juegos de naipes, entre engaños y picardías. Y la 5.ª empieza con un desfile de mendigos y lisiados para recoger la sopa boba conventual de manos de un fraile gruñón: friso de miserias, tocado por la gracia del arte.

Sus contrastes

Todo ello abocetado reciamente por el dramaturgo pintor y sembrado de locuciones familiares y castizas. Es muy grande la riqueza y variedad de la fraseología y vocabulario de esta obra, casi siempre adecuados a las situaciones y personajes. El estilo elevado y el llano se yuxtaponen con frecuencia. Los efectismos buscados de muchas escenas llevan aparejada la gesticulación desmesurada y el énfasis exclamativo del romanticismo; «¡vil seductor!», «¡hija infame!», «¡arma funesta!», «¡noche terrible!», pueden hoy sonar a tópicos. Y cuando oímos a don Álvaro lo de «¡Sevilla! ¡Guadalquivir! / ¡Cuán atormentáis mi mente!» pensamos un instante en la parodia entrevista por Boussagol. Pero el ímpetu y la dignidad general del drama se nos imponen.

Cabe citar aún, sobre la intención estilística, algunas palabras de Alcalá Galiano, si bien fueron escritas para *El moro expósito:* el autor ha mezclado «imágenes triviales con otras nobles, y pinturas de la vida real con otras ideales. Tal vez con ello escandalizará a no pocos de sus lectores; pero *no es culpa suya que en la naturaleza anden revueltos lo serio y tierno con lo ridículo y extravagante*».

Versificación

Contiene el drama 2.275 versos en total, a los que hemos dado numeración seguida en la presente edición, desde que empiezan en la escena V de la 1.ª jornada, hasta que terminan, sustituidos por la prosa, en la escena antepenúltima de la obra (5.ª, IX). La numeración salta por encima de las escenas intercaladas en prosa y continúa de manera correlativa cuando reaparecen los versos.

La versificación de *Don Álvaro* es desigual: a veces robusta, bastante fluida y con pocos ripios; llena de prosaísmo en otros casos. En verso están las escenas de rigor argumental y en prosa las episódicas y costumbristas; con excepción de la escena final de la 1.ª jornada, escrita en prosa rápida, detonante de gritos y maldiciones, y las dos últimas escenas del drama con el terrible desenlace, también en prosa, entrecortada por exclamaciones imprecatorias.

No suelen mezclarse la prosa y el verso en una misma escena, aunque así ocurra en dos ocasiones (1.ª, VII; y 5.ª, IX). Las seguidillas que se cantan al comienzo de la 2.ª jornada no quebrantan en realidad esta armonía.

A lo largo de la obra y con gran libertad de elección revive la polimetría de nuestro teatro de la Edad de Oro si exceptuamos los sonetos, los tercetos y las octavas reales de que carece *Don Álvaro*. En un soliloquio vemos emplear la silva (2.ª, III) con ejemplos de lo que llama Navarro Tomás el «sexteto lira», de clásico abolengo *(Métrica española);* y cuando se queda el protagonista solo, encontramos una décima (5.ª, V) donde esperaríamos un soneto en el teatro clásico. Pero el desesperado monólogo de don Álvaro (3.ª, III), con reminiscencias del de Segismundo en *La vida es sueño,* se vierte en sonoras décimas —como el de Calderón—, pues Lope al dar la pauta del teatro nacional había recomendado las décimas para quejas y lamentaciones *(Arte nuevo de hacer comedias).*

Predominan en *Don Álvaro* las redondillas y los romances octosílabos, éstos con frecuentes cambios en las asonancias para evitar la monotonía. El romance heroico o endecasílabo, típico de la tragedia neoclásica —en él se habían compuesto íntegramente las obras *Aliatar* y *Lanuza,* del mismo Duque de Rivas— está muy escasamente representado en *Don Álvaro:* final de la escena VII de la 2.ª jornada.

Esquema de su métrica

Describimos a continuación la variedad métrica del drama:

Jornada 1.ª Versos 1-88, redondillas; v. 89-240, romance octosílabo con rima asonante en *a-e;* v. 241-341, silva, con rimas distribuidas en cuartetos y pareados, para terminar con tres pareados endecasílabos.

Jornada 2.ª Versos 342-355, seguidillas; v. 356-375, décimas; v. 376-403, redondillas; v. 404-471, silva, con ejemplos de «sexteto lira» (esquema de las rimas: a b A B c C); v. 472-487, endechas reales (los versos se agrupan de cuatro en cuatro, de forma que los tres primeros son heptasílabos y el cuarto endecasílabo, y riman los pares en asonante *a-e);* v. 488-511, redondillas; v. 512-61, romance oct. en *e-o;* v. 562-727, íd. en *í-o;* v. 728-55, íd. en *a-a;* v. 756-813, romance heroico en *e-a;* v. 814-825, redondillas; v. 826-9, combinación de dos heptasílabos y dos endecasílabos alternados, con rima consonante, también cruzada, a la manera del serventesio (aBaB).

Jornada 3.ª Versos 830-90, redondillas; v. 891-1000, décimas; v. 1001-1101, redondillas, con una quintilla intercalada (v. 1041-5); v. 1102-1211, romance oct. en *e-o;* v. 1212-1347, redondillas.

Jornada 4.ª Versos 1348-1623, redondillas; v. 1624-43, romance oct. en *e-o;* v. 1644-88, íd. *e-a;* v. 1689-1704, íd. *a-o;* v. 1705-52, íd. *e-o;* v. 1753-1807, silva; v. 1808-65, romance oct. en *e-a;* v. 1866-71, variante del sexteto lira (AaBCcB).

Jornada 5.ª Versos 1872-1923, redondillas; v. 1924-33, décima; v. 1934-2007, romance octosílabo en *a-e;* v. 2008-2101, íd. *u-a;* v. 2102-37, redondillas, y v. 2138-2275, romance octosílabo en *a-e.*

La crítica del estreno

Don Álvaro se estrenó en el teatro del Príncipe, de Madrid, el domingo 22 de marzo de 1835. La actriz Concepción Rodríguez y los actores Luna y Romea representaron los primeros papeles. En el diario *La Abeja* se anunció con una declaración de principios: «Hoy es el día destinado para la primera representación de *Don Álvaro o la fuerza del sino*. No pocas veces hemos oído decir que el *romanticismo* es en literatura lo que la libertad en política. Si este aserto es falso, no por eso dejaremos de ponernos de parte del que, sacudiendo las mezquinas trabas que el rigor de los clásicos impuso al vuelo de la inspiración, consulta sola a su alma para transmitir los afectos que experimenta...»

La crítica periodística se dispersó al juzgar la obra; hablaríamos más bien de su desconcierto; resultaba demasiado revolucionaria para la escena española de aquel tiempo, aun contando con las innovaciones románticas de *La conjuración de Venecia,* de Martínez de la Rosa, y el *Macías,* de Larra, estrenados el año anterior. *El Correo de las Damas,* revista quincenal, y *El Eco del Comercio,* diario, fueron muy duros en sus críticas negativas; el semanario *El Artista* y la *Revista Española* publicaron juicios más detenidos y razonados, alguno muy elogioso. Diecisiete veces se puso el drama en escena durante el mismo año, once casi consecutivas y en el mismo teatro; lo cual, si no es el éxito desbordante de que algunos hablaron, tampoco es para concluir con el juicio de Peers, empeñado en disminuir la importancia del romanticismo en España: «descartada definitiva y documentalmente la leyenda del triunfo de *Don Álvaro*, podemos ahora verlo a su verdadera luz como un drama romántico notable, así intrínseca como históricamente, que, ello no obstante, no tuvo en modo alguno buena prensa y cuya acogida en escena fue muy mediana». Con todo, reconoce que fue la obra más representada en Madrid durante el año 1835. Lo cual tampoco es rigurosamente cierto, pues la obra escénica más popular del año 1835 fue *El arte de conspirar* de Scribe, según adaptación de Larra, que alcanzó veintiséis representaciones. Parece ser *El trovador* de García Gutiérrez, estrenada en 1836, la obra que consolidó el triunfo del Romanticismo en la escena española.

Enrique Gil y Carrasco, autor de calidad entre nuestros románticos, encontraba a *Don Álvaro* deprimente por su fondo ideológico, aunque magnífico en el orden de la creación dramática *(Semanario Pintoresco Español*, 5 de noviembre, 1839).

Su fortuna

También don Juan Valera, de principios literarios muy distintos, dio una estimación positiva del drama *(Del romanticismo en España*, 1854).

Don Álvaro fue ganando en valoración crítica al pasar el tiempo, lo cual repercutió en el escenario. Verdi, el gran músico italiano, que ya había llevado a la ópera *Il trovatore*, sobre el conocido drama romántico de García Gutiérrez, también se inspiró en *Don Álvaro;* y en San Petersburgo fue el brillante estreno de la ópera *La forza del destino* el 10 de noviembre de 1862; y el 21 de febrero de 1863 se presentaba en Madrid.

Pero Giuseppe Verdi no estaba del todo satisfecho con el desenlace catastrófico de la obra y en 1869 estrenó una refundición que afecta sustancialmente al final del melodrama.

En el nuevo *Don Álvaro* se concentran en uno solo (don Carlos) los dos hermanos de doña Leonor. Y el suicidio del protagonista, arrebatado por la desesperación, queda piadosamente sustituido por una resignación sobrenatural, surgida ante la muerte de don Carlos y mientras la desgraciada Leonor sube a los cielos...

Los papeles de Preciosilla y Melitón adquieren gran importancia musical, por encima de sus originarios valores episódicos en el drama de Rivas.

Con esta solución, menos desconsolada, la ópera de Verdi iba a continuar triunfalmente su carrera por los escenarios del mundo.

El genial actor Rafael Calvo resucitó el drama del Duque de Rivas en la época de la Restauración. Después de dormir en las bibliotecas cerca de medio siglo, *Don Álvaro* volvió a escuchar los aplausos del público madrileño, mucho mayores ahora que en los tiempos del estreno, y en larga cadena de representaciones. De la misma época es el juicio encomiástico de Menéndez Pelayo: «*Don Álvaro* es, a no dudarlo, el primero y más excelente de los dramas románticos, el más amplio en la concepción, y el más castizo y nacional en la forma. Inmenso como la vida humana, rompe los moldes comunes de nuestro teatro aun en la época de su mayor esplendor, y alcanza un desarrollo tan vasto como el que tiene el drama en manos de Shakespeare o de Schiller. Una fatalidad, no griega sino española, es el Dios que guía aquella máquina y arrastra al protagonista, personaje de sombría belleza. Todavía más que lo principal del asunto, valen los detalles y los episodios, en los cuales triunfa el pintor de costumbres y el hombre del pueblo, como lo era en lo más íntimo de su alma el Duque de Rivas, a pesar de su larga y nobilísima prosapia. Estos cuadros... como ejemplo de diálogo picaresco y sazonado, rebosando gracia y malicia, no tienen igual desde Cervantes» (1883).

La crítica de la Generación del 98, encarnada en Azorín, fue desfavorable. Azorín somete el *Don Álvaro* a una disección analítica de signo racionalista y rigor implacable. Con todo, reconocía en alguna escena «un hálito de grandeza, de honda y vibrante tragedia... En general, el drama del Duque de Rivas es una lógica, natural continuación del drama de Calderón y de Lope. Son los mismos procedimientos, la misma falta de observación, la misma incoherencia, la misma superficialidad». Y para definir el drama, copia unas palabras de Milá y Fontanals: «en parte de nuestro teatro antiguo, y en parte imitación del actual de nuestros vecinos» *(Rivas y Larra)*.

Las líneas anteriores se publicaban en 1916. Y en enero de 1917, Ricardo Calvo Agosti, hijo de Rafael Calvo, reponía el *Don Álvaro*, con la actriz Matilde Moreno, en el teatro Cervantes, de Madrid, con el extraordinario resultado de sostener el drama en el cartel sesenta noches seguidas. («Muerto Carlos Latorre, el drama del Duque de Rivas parece vinculado en la estirpe de los Calvo por *juro de heredad*», escribía el profesor Deleito y Piñuela.)

Miguel de Unamuno, en su «diario íntimo» *De Fuerteventura a París* (1925), libro del intelectual desterrado por la dictadura del general Primo de Rivera, recuerda en la capital francesa que allí se escribió y fue estrenado el drama de Rivas, al que dedica un soneto encomiástico:

> *Desde las tristes márgenes del Sena,*
> preso en ellas a la *fuerza del sino,*
> el Duque, sacudiéndose el destino,
> lo arrastró, hecho ya carne, hasta la escena.
>
> A Don Álvaro dio vida la vena
> del destierro, le fue caz del molino
> de telar este Sena donde el lino
> tejió de los ensueños de su pena.
>
> Con las aguas del Sena corrió oscura
> la ficción de su historia en este suelo,
> tras la mar del olvido, que es su cuna,
>
> y al subir la verdad del Arte al cielo
> la gloria de Don Álvaro perdura
> y su pasión da a nuestra fe consuelo.
>
> París, 17-X.

De entonces acá se ha representado esporádicamente y siempre con aceptación de la sala. En Madrid, por los años veinte, 1935 y 1943; en Barcelona, con calurosa reiteración, durante la temporada de 1942-1943. *Don Álvaro* de Rivas y *Don Juan Tenorio* (1844) de Zorrilla son las dos grandes figuras supervivientes del romanticismo español.

La crítica actual

Entre los críticos contemporáneos, el juicio más afirmativo y completo, aun con sus ditirambos, quizá sea el de Valbuena Prat, en su *Historia del teatro español* (Barcelona, 1956); «es difícil encontrar un drama en el teatro universal tan rico en tipos diversos, en ambientes y paisajes de todo orden»; «la escena con don Alfonso en la celda de don Álvaro» —ya elogiada por el propio Azorín— «es uno de los ejemplos más medidos de ciencia dramática hecha vida». La obra es típica de un mundo desorbitado, de problemática sin solución: Don Álvaro es un «preexistencialista».

A mi juicio, más que de preexistencialismo en don Álvaro, podría hablarse de neorromanticismo en los existencialistas de nuestro tiempo. Por otra parte, la angustia metafísica y el dolor cósmico reaparecen siempre en los momentos de crisis. Crisis de fe o de ideales. Vacilaciones, en verdad, no manifestadas, ni posiblemente sentidas nunca por el católico Duque de Rivas, forjador animoso de su gran destino.

Y en esa inquietud universal —siempre en retorno— de las grandes preguntas, templadas por el sedante recreo del tipismo costumbrista, descansa la razón última de la vitalidad artística de *Don Álvaro*.

Joaquín Casalduero ha hecho un penetrante y detenido análisis del drama en sus *Estudios sobre el teatro español* (Madrid, 1962).

Comienza subrayando el extraordinario número de sus personajes —unos 56— y su variedad, pues cada uno refleja «un estado social diferente y al mismo tiempo modulación diversa de la unidad del destino. El Duque de Rivas, como los románticos en general, se propone abarcar al individuo por completo, pero no de una manera total, sino parcial, y a la sociedad en su particularidad, apoyándose precisamente en los extremos».

Examina las peculiaridades de estilo y métrica, la comunión del hombre y el paisaje, las notas pintorescas, la exaltación pasional, el tema de la venganza, el *tempo* frenéticamente acelerado de la acción...

«Don Álvaro es un Apolo romántico, un sol exótico. Ese sol de felicidad e histórico-legendario alumbra, deslumbra un momento, para hacer más negra la desgracia, más violenta la oscuridad...» Leonor es la mujer nacida para el dolor; el amor le lleva «al sentimiento de la culpa y éste da lugar a la penitencia, en la cual encuentra la muerte».

«El Sino es una fuerza ciega que se va apoyando en azares sin sentido. ¿Revelará la muerte el significado de la vida? El romántico, lo único que puede hacer es seguir ese frenesí entre dos gritos: la maldición y la misericordia.»

Casalduero termina por acercarse a la explicación existencialista del drama, si bien con matices religiosos:

«Entre Dios y Luzbel, el hombre romántico siente que quien triunfa es el malo. Incomprensiblemente, absurdamente Dios ha abandonado al hombre. Entre el grito de maldición y el de misericordia, el primero es el único actuante, y entoces la imploración parece subrayar el absurdo de la vida, pues en ese grito coral el tono de desesperanza acentúa fuertemente la resignación con la que el hombre se somete a esa fuerza que le impulsa y arrastra.»

Francisco Ruiz Ramón, por el contrario, tiene una opinión bien distinta *(Historia del teatro español,* 1967). Considera la obra falta de verdad, una pura abstracción, lejos de la realidad del mundo. De belleza meramente formal, se caracteriza por su intensa teatralidad: es un «puro y desnudo juego teatral».

En suma, le faltaría autenticidad. «No creemos que en *Don Álvaro* exprese el Duque de Rivas su concepción del mundo, entre otras cosas porque no hay, en rigor, mundo. En cambio, creemos que lo que sí está expresado es su concepción del mundo romántico en tanto que invención literaria de un mundo. *Don Álvaro o la fuerza del sino* es, en el mejor sentido de la palabra, literatura, no vida. El héroe romántico del drama romántico español es un personaje de *drama,* no la encarnación del drama de una persona.»

Últimamente, Roberto G. Sánchez encuentra positivos méritos en el drama controvertido («Cara y cruz de la teatralidad romántica: *Don Álvaro* y *Don Juan Tenorio»)*. El Duque de Rivas había anticipado la incorporación del actor al decorado, la iluminación y el ambiente. Destaca los valores pictóricos (escenográficos) y verbales de los dos grandes dramas románticos españoles. Su estructura musical y proyección histriónica las habían de aprovechar los geniales renovadores de nuestra escena en el siglo XX —Valle-Inclán, García Lorca— en su afán de escapar del «realismo» benaventino. Entre cómicas pinceladas de costumbrismo, expresadas en lenguaje coloquial, y escenas de sangre, recitadas con altisonancia patética, *Don Álvaro* tiene algo del esperpento. El plasticismo y riqueza de matices en la escena final del drama de Rivas sería como el «símbolo de una visión teatral unificadora que mantiene en juego y equilibrio lo histórico, lo pictórico y lo musical».

En mi opinión, el gigantesco despliegue de la escenografía contemporánea, el misterio siempre acuciante del futuro y la desolación del mundo en que vivimos, por la quiebra de creencias y sentimientos tradicionales, coadyuvan a la permanencia y virtualidad del drama del hombre desolado.

Bibliografía

1. EDICIONES

Don Álvaro o la fuerza del sino, Madrid, Tomás Jordán, 1835 (edición príncipe).

Obras completas de Ángel de Saavedra, Duque de Rivas, Madrid, Imp. de la Biblioteca Nueva, 1954-1955, 5 volúmenes. (El tomo IV contiene el teatro. Sobre esta edición, revisada por el mismo autor, hemos preparado la nuestra, sin otras correcciones que las erratas evidentes y las impuestas por la ortografía actual, sin grandes diferencias con la de entonces.)

Obras completas..., ilustradas con dibujos de Apeles Mestres y precedidas de la *Vida del autor,* que llega hasta el año 1842, por Nicomedes Pastor Díaz, Barcelona, Montaner y Simón, 1884, 2 vols. *(Don Álvaro* en el 2.°).

Obras completas..., edición y prólogo de Jorge Campos, Madrid, 1957, Biblioteca de Autores Españoles, volúmenes C, CI y CII. (Al frente del primer tomo figura un extenso estudio biobibliográfico del Duque de Rivas, compuesto por Jorge Campos; *Don Álvaro* aparece incluido en el segundo volumen.)

Don Álvaro o la fuerza del sino..., edición con introducción, notas y vocabulario de S. L. Millard Rosenberg y Ernest H. Templin, Nueva York, 1928.

Don Álvaro o la fuerza del sino..., edición con introducción, notas y vocabulario de Calvert J. Winter y Edwin B. Williams, Chicago, 1928.

Don Álvaro o la fuerza del sino, prólogo de Benito Varela Jácome, Santiago de Compostela, Porto y Cía. editores, colección «Siete estrellas» (s. f.).

Don Álvaro o la fuerza del sino, edición, prólogo y notas de Pilar Díez y Jiménez-Castellanos, Zaragoza, Clásicos Ebro, núm. 108, 1972 (3.ª ed.).

Don Álvaro o la fuerza del sino, prólogo y notas de Joaquín Casalduero, edición de Alberto Blecua, Barcelona, Labor, 1974, «Textos hispánicos modernos», 30.

2. Obras generales de consulta, biografías y estudios monográficos

Adams, Nicholson, «The extent of the Duke of Riva's Romanticism», *Homenaje a Rodríguez-Moñino,* tomo I, págs. 1-7 (Madrid, Castalia, 1966).
— «The Duke of Rivas and the Gallant Moor», *Revista Hispánica Moderna,* XXXIV, Nueva York, 1968, págs. 103-107. (Artículo sobre *El moro expósito.)*

Alborg, Juan Luis, *Historia de la Literatura Española. IV. El Romanticismo.* Madrid, Ed. Gredos, 1980. *(Rivas,* págs. 453-515.)

Alcalá Galiano, Antonio, *Literatura española del siglo XIX. De Moratín a Rivas.* (Título original: *Literature of the nineteenth Century: Spain,* 1834.) Traducción, introducción y notas de Vicente Llorens, Madrid, Alianza Editorial, 1969, col. El libro de Bolsillo, 1970. (Para Ángel de Saavedra como poeta, *vid.,* págs. 122-129.)

Azorín, *Rivas y Larra, Razón social del Romanticismo en España,* Madrid, Renacimiento, 1916.

Barja, César, *Libros y autores modernos. Siglos XVIII y XIX,* Nueva York, Las Americas Publishing Co., 1964 (2.ª ed. revisada y completada). Para el Duque de Rivas, *vid.* págs. 100-107.

Benito, José de, «Vida romántica del Duque de Rivas», en *Estampas de España e Indias,* col. Austral, número 1.295, págs. 125-136 (Madrid, 1961).

Boussagol, Gabriel, *Ángel de Saavedra, Duque de Rivas. Sa vie, son oeuvre poétique,* Toulouse, 1926.

Cañete, Manuel, *El Duque de Rivas.* Prólogo a la edición de *Don Álvaro* en «Autores Dramáticos Contemporáneos...», tomo I, Madrid, 1881.

Caravaca, François, «Mérimée, dans les *Âmes du Purgatoire,* plagiat-il le *Don Álvaro* du Duc de Rivas?», *Les Langues Modernes,* LV, París, 1961, págs. 170-187 y 497-516.

CARAVACA, Francisco, «¿Plagió Mérimée el *Don Álvaro* del Duque de Rivas? Ensayo de literatura comparada», *La Torre*, Revista General de la Universidad de Puerto Rico, núm. 49, 1965, páginas 77-135.

CASALDUERO, Joaquín, *«Don Álvaro* o el destino como fuerza», en *Estudios sobre el Teatro Español*, Madrid, Gredos, 1962, páginas 217-258.

CASTELLÓ, Manlio, «Giuseppe Verdi y España», *Clavileño*, núm. 15, Madrid, mayo-junio, 1952, págs. 11-18.

CUETO, Leopoldo Augusto de [Marqués de Valmar], *Discurso necrológico literario en elogio del Excmo. Sr. Duque de Rivas, Director de la Real Academia Española, leído en la Junta Pública celebrada para honrar su memoria...* Madrid, Imp. Rivadeneyra, 1866, 141 págs.

DELEITO Y PIÑUELA, José, *Estampas del Madrid teatral fin de siglo*, Madrid, Calleja, s. f. (1946).

DÍAZ-PLAJA, Guillermo, *Introducción al estudio del romanticismo español*, Madrid, Espasa-Calpe, 1936.

FERNÁNDEZ LARRAÍN, Sergio, «Algo del Duque de Rivas a través de un epistolario. En el primer centenario de su muerte: 1865-1965», *Atenea*, Revista de la Universidad de Concepción (Chile), tomo CLXI, 1966, págs. 124-249. (Publica 86 documentos inéditos, entre ellos 81 cartas del Duque de Rivas al general Narváez. Crítica: J. Pabón, en *Boletín de la Real Academia de la Historia*, tomo CLX, Madrid, 1967, págs. 11-18.)

GONZÁLEZ LÓPEZ, Emilio, *Historia de la Literatura Española. La Edad Moderna. Siglos XVIII y XIX*, Nueva York, Las Americas Publishing Co., 1965. Sobre el Duque de Rivas, págs. 177-184.

GONZÁLEZ RUIZ, Nicolás, *El Duque de Rivas o la fuerza del sino*. «El hombre y su época», Madrid, 1944 (2.ª ed.).

LOMBA Y PEDRAJA, José R., *El teatro romántico español*, Madrid, «Biblioteca Literaria del Estudiante», 1926; reproducido en *Cuatro estudios en torno a Larra*, Madrid, Tip. Archivos, 1936.

LLORENS, Vicente, *El romanticismo español*, Madrid, Castalia, 1979. *(Duque de Rivas*, págs. 117-166.)

NAVAS-RUIZ, Ricardo, *El romanticismo español*, Salamanca, Anaya, 1973.

O'CONNELL, R. B., «'Rivas' *El desengaño en un sueño*, and Grillparzer's *Der Traum ein Leben*», *Philological Quarterly*, State University of Iowa, vol. XL, 1961.

PASTOR DÍAZ, Nicomedes, *Galería de españoles célebres contemporáneos... Biografías y retratos de todos los personajes distinguidos de nuestros días en las ciencias, en la política, en las armas, en las letras y en las artes,* Madrid, Imp. de Sanchiz, 1841. Al Duque de Rivas se le dedican 64 págs. y muchas de las noticias que contienen fueron relatadas personalmente por el duque a su biógrafo.

PEERS, E. Allison, *Ángel de Saavedra, Duque de Rivas. A Critical Study.* Nueva York-París, 1923.

— *Historia del movimiento romántico español,* Madrid, Gredos, 1954, 2 vols.

PIÑEYRO, Enrique, *El romanticismo español,* París, Garnier (s. f.).

RUIZ RAMÓN, Francisco, *Historia del Teatro Español. (Desde sus orígenes hasta 1900),* Madrid, Alianza Editorial, 1967, col. El Libro de Bolsillo, núm. 66. A los dos grandes dramas románticos del Duque de Rivas —*Don Álvaro* y *El desengaño en un sueño*— se refieren las págs. 419-428.

SÁNCHEZ, Roberto G., «Cara y cruz de la teatralidad romántica *(Don Álvaro* y *Don Juan Tenorio)*», *Ínsula,* núm. 336, Madrid, noviembre de 1974, págs. 21-23.

SEDWICK, B. Frank, «'Rivas' *Don Álvaro* and Verdi's *La forza del destino*», *Modern Language Quarterly,* University of Washington Press, XVI, 1955, págs. 124-129.

SIMÓN DÍAZ, José, «El Duque de Rivas en el Seminario de Nobles de Madrid», *Revista de Archivos, Biblioteca y Museos,* LIII, 1948, páginas 645-652.

VALBUENA PRAT, Ángel, *Teatro moderno español,* Zaragoza, Partenón, 1944.

VALBUENA PRAT, Ángel, *Historia del teatro español,* Barcelona, Noguer, 1956.

VALERA, Juan, «Estudio biográfico del Duque de Rivas» (primer presidente del Ateneo de Madrid en 1835-36), *El Ateneo,* tomos I y II, 1888 y 1889.

WILLIAMS, M. A., «Ángel de Saavedra's dealings with the French Government, 1830-1833», *Bulletin of Hispanic Studies,* Liverpool University, vol. XXXVII, 1960, págs. 106-114.

Don Álvaro o la fuerza del sino

DRAMA ORIGINAL
EN CINCO JORNADAS, Y EN PROSA Y VERSO

Al Excmo. Sr. D. Antonio Alcalá Galiano, en prueba de constante y leal amistad en próspera y adversa fortuna.

ÁNGEL DE SAAVEDRA,
Duque de Rivas

PERSONAJES

Don Álvaro.
El Marqués de Calatrava.
Don Carlos de Vargas, su hijo.
Don Alfonso de Vargas, ídem.
Doña Leonor, ídem.
Curra, criada.
Preciosilla, gitana.
Un Canónigo.
El Padre Guardián del convento de los Ángeles.
El Hermano Melitón, portero del mismo.
Pedraza y otros Oficiales.
Un Cirujano de ejército.

Un Capellán de regimiento.
Un Alcalde.
Un Estudiante.
Un Majo.
Mesonero.
Mesonera.
La Moza del mesón.
El Tío Trabuco, arriero.
El Tío Paco, aguador.
El Capitán preboste.
Un Sargento.
Un Ordenanza a caballo.
Dos Habitantes de Sevilla.
Soldados españoles, arrieros, lugareños y lugareñas

Los trajes son los que se usaban a mediados del siglo pasado (xviii).

la línea borrosa entre el destino
y la voluntad

"las indias" ?
el indiano : muy rico pero no tiene
el mismo nivel de prestigio

Jornada primera

La escena es en Sevilla y sus alrededores

ESCENA PRIMERA

La escena representa la entrada del antiguo puente de barcas de Tria-
na, el que estará practicable a la derecha. En primer término, al mis-
mo lado, un aguaducho o barraca de tablas y lonas, con un letrero
que diga: «Agua de Tomares»[1]*; dentro habrá un mostrador rústico*
con cuatro grandes cántaros, macetas de flores, vasos, un anafre con
una cafetera de hojalata y una bandeja con azucarillos. Delante del
aguaducho habrá bancos de pino. Al fondo se descubrirá de lejos,
parte del arrabal de Triana, la huerta de los Remedios con sus altos ci-
preses, el río y varios barcos en él, con flámulas y gallardetes. A la iz-
quierda se verá en lontananza la Alameda. Varios habitantes de Se-
villa cruzarán en todas direcciones durante la escena. El cielo demos-
trará el ponerse el sol en una tarde de julio, y al descorrerse el telón
aparecerán El Tío Paco, detrás del mostrador, en mangas de ca-

---

[1] El «antiguo puente de barcas de Triana» comunicaba el centro de la ciudad
de Sevilla con el arrabal de Triana, desde el dominio musulmán (1171) hasta
que en 1845-1852 fue reemplazado por otro puente, de hierro con pilares y es-
tribos de piedra, construido bajo la dirección de dos ingenieros franceses.

Tenía gran fama el *agua* procedente de *Tomares,* caudaloso manantial a cinco
kilómetros de Sevilla. La villa de Tomares formaba un ayuntamiento con San
Juan de Aznalfarache, pero después se independizó este segundo poblado.

misa; el OFICIAL, *bebiendo un vaso de agua, y de pie;* PRECIOSI-
LLA, *a su lado, templando una guitarra; el* MAJO *y los dos*
HABITANTES DE SEVILLA, *sentados en los bancos.*

OFICIAL.—Vamos, Preciosilla, cántanos la rondeña. Pronto,
pronto; ya está bien templada.
PRECIOSILLA.—Señorito, no sea su merced tan súpito. Déme
antes esa mano, y le diré la buenaventura.
OFICIAL.—Quita, que no quiero tus zalamerías. Aunque efec-
tivamente tuvieras la habilidad de decirme lo que me ha de
suceder, no quisiera oírtelo... Si casi siempre conviene el ig-
norarlo[2].
MAJO.—*(Levantándose.)* Pues yo quiero que me diga la buenaventura esta prenda. He aquí mi mano.
PRECIOSILLA.—Retire usted allá esa porquería... Jesús, ni verla
quiero, no sea que se encele aquella niña de los ojos grandes.
MAJO.—*(Sentándose.)* ¡Qué se ha de encelar de ti, pendón!
PRECIOSILLA.—Vaya, saleroso, no se cargue usted de estera[3];
convídeme a alguna cosita.
MAJO.—Tío Paco, dele usted un vaso de agua a esta criatura,
por mi cuenta.
PRECIOSILLA.—¿Y con panal?[4].
OFICIAL.—Sí, y después que te refresques el garguero y que te
endulces la boca, nos cantarás las corraleras[5]. *(El aguador
sirve un vaso de agua con panal a* PRECIOSILLA, *y el oficial se
sienta junto al majo.)*
HABITANTE PRIMERO.— ¡Hola! Aquí viene el señor canónigo.

ESCENA II

CANÓNIGO.— Buenas tardes, caballeros.
HABITANTE SEGUNDO.— Temíamos no tener la dicha de ver
a su merced esta tarde, señor canónigo.

---

[2] *Si casi siempre...*: condición virtual aseverativa.
[3] *no se cargue usted de estera,* 'no se canse de aguantar, no se impaciente', expresión popular.
[4] *panal,* 'azucarillo'.
[5] *corralera,* 'canción andaluza bailable, propia de los corrales de vecindad'.

CANÓNIGO.—*(Sentándose y limpiándose el sudor.)* ¿Qué persona de buen gusto, viviendo en Sevilla, puede dejar de venir todas las tardes de verano a beber la deliciosa agua de Tomares, que con tanta limpieza y pulcritud nos da el tío Paco, y a ver un ratito este puente de Triana, que es lo mejor del mundo?

HABITANTE PRIMERO.—Como ya se está poniendo el sol...

CANÓNIGO.—Tío Paco, un vasito de la fresca.

TÍO PACO.—Está usía muy sudado; en descansando un poquito le daré el refrigerio.

MAJO.—Dale a su señoría el agua templada.

CANÓNIGO.—No, que hace mucho calor.

MAJO.—Pues yo templada la he bebido, para tener el pecho suave y poder entonar el Rosario por el barrio de la Bornicería, que a mí me toca esta noche.

OFICIAL.—Para suavizar el pecho, mejor es un trago de aguardiente.

MAJO.—El aguardiente es bueno para sosegarlo después de haber cantado la letanía.

OFICIAL.—Yo lo tomo antes y después de mandar el ejercicio.

PRECIOSILLA.—*(Habrá estado punteando la guitarra y dirá al majo):* Oiga usted, rumboso, ¿y cantará usted esta noche la letanía delante del balcón de aquella persona?...

CANÓNIGO.—Las cosas santas se han de tratar santamente. Vamos. ¿Y qué tal los toros de ayer?

MAJO.—El toro berrendo de Utrera salió un buen bicho, muy pegajoso... Demasiado.

HABITANTE PRIMERO.—Como que se me figura que le tuvo usted asco.

MAJO.—Compadre, alto allá, que soy muy duro de estómago... Aquí está mi capa *(Enseña un desgarrón)* diciendo por esta boca que no anduvo muy lejos.

HABITANTE SEGUNDO.—No fue la corrida tan buena como la anterior.

PRECIOSILLA.—Como que ha faltado en ella don Álvaro el indiano, que a caballo y a pie es el mejor torero que tiene España.

MAJO.—Es verdad que es todo un hombre, muy duro con el ganado y muy echado adelante.

PRECIOSILLA.—Y muy buen mozo.

HABITANTE PRIMERO.—¿Y por qué no se presentaría ayer en la plaza?

OFICIAL.—Harto tenía que hacer con estarse llorando el mal fin de sus amores.

MAJO.—Pues, qué, ¿lo ha plantado ya la hija del señor marqués?...

OFICIAL.—No; doña Leonor no lo ha plantado a él, pero el marqués la ha trasplantado a ella.

HABITANTE SEGUNDO.—¿Cómo?...

HABITANTE PRIMERO.—Amigo, el señor marqués de Calatrava tiene mucho copete y sobrada vanidad para permitir que un advenedizo sea su yerno.

OFICIAL.—¿Y qué más podía apetecer su señoría que el ver casada a su hija (que, con todos sus pergaminos, está muerta de hambre) con un hombre riquísimo y cuyos modales están pregonando que es un caballero?

PRECIOSILLA.—¡Si los señores de Sevilla son vanidad y pobreza, todo en una pieza! Don Álvaro es digno de ser marido de una emperadora... ¡Qué gallardo!... ¡Qué formal y qué generoso!... Hace pocos días que le dije la buenaventura (y por cierto no es buena la que le espera si las rayas de la mano no mienten), y me dio una onza de oro como un sol de mediodía.

TÍO PACO.—Cuantas veces viene aquí a beber, me pone sobre el mostrador una peseta columnaria[6].

MAJO.—¡Y vaya un hombre valiente! Cuando, en la Alameda Vieja, le salieron aquella noche los siete hombres más duros que tiene Sevilla, metió mano y me[7] los acorraló a todos contra las tapias del picadero.

OFICIAL.—Y en el desafío que tuvo con el capitán de artillería se portó como un caballero.

PRECIOSILLA.—El marqués de Calatrava es un viejo tan ruin, que por no aflojar la mosca[8] y por no gastar...

[6] *peseta columnaria:* moneda de plata con valor de seis reales de vellón, acuñada en América en el siglo XVIII, debe su nombre al hecho de llevar el escudo real entre dos columnas, con la inscripción *plus ultra*.

[7] *me* los acorraló: dativo ético o de interés, frecuente en el habla coloquial.

[8] *aflojar* (o soltar) *la mosca* son expresiones familiares, procedentes de la lengua de germanía, para referirse a 'gastar el dinero'. Así, Quevedo tituló uno de

OFICIAL.—Lo que debía hacer don Álvaro era darle una paliza que...

CANÓNIGO.—Paso, paso[9], señor militar. Los padres tienen derecho de casar a sus hijas con quien les convenga.

OFICIAL.—¿Y por qué no le ha de convenir don Álvaro? ¿Porque no ha nacido en Sevilla?... Fuera de Sevilla nacen también caballeros.

CANÓNIGO.—Fuera de Sevilla nacen también caballeros, sí, señor; pero... ¿lo es don Álvaro?... Sólo sabemos que ha venido de Indias hace dos meses y que ha traído dos negros y mucho dinero... pero ¿quién es?...

HABITANTE PRIMERO.—Se dicen tantas y tales cosas de él...

HABITANTE SEGUNDO.—Es un ente muy misterioso.

TÍO PACO.—La otra tarde estuvieron aquí unos señores hablando de lo mismo, y uno de ellos dijo que el tal don Álvaro había hecho sus riquezas siendo pirata...

MAJO.—¡Jesucristo!

TÍO PACO.—Y otro, que don Álvaro era hijo bastardo de un grande de España y de una reina mora...

OFICIAL.—¡Qué disparate!

TÍO PACO.—Y luego dijeron que no, que era... No lo puedo declarar... Finca... o brinca... Una cosa así... así como... una cosa muy grande allá de la otra banda.

OFICIAL.—¿Inca?

TÍO PACO.—Sí, señor; eso: inca... inca...

CANÓNIGO.—Calle usted, tío Paco; no diga sandeces.

TÍO PACO.—Yo nada digo, ni me meto en honduras; para mí, cada uno es hijo de sus obras[10], y en siendo buen cristiano y caritativo...

PRECIOSILLA.—Y generoso y galán.

OFICIAL.—El vejete roñoso del marqués de Calatrava hace muy mal en negarle su hija.

---

los opúsculos festivos de su juventud: *El Caballero de la Tenaza,* «donde se dan muchos y saludables consejos para *guardar la mosca* y gastar la prosa». *Moscón* y *pegote* eran sinónimos de *gorrón.*

[9] *paso, paso:* 'despacio, poco a poco'.

[10] *cada uno es hijo de sus obras:* dicho popular recogido por Cervantes en el *Quijote,* 1.ª parte, cap. IV.

CANÓNIGO.—Señor militar, el señor marqués hace muy bien. El caso es sencillísimo. Don Álvaro llegó hace dos meses; nadie sabe quién es. Ha pedido en casamiento a doña Leonor, y el marqués, no juzgándolo buen partido para su hija, se la ha negado. Parece que la señorita estaba encaprichadilla, fascinada, y el padre la ha llevado al campo, a la hacienda que tiene en el Aljarafe, para distraerla. En todo lo cual el señor marqués se ha comportado como persona prudente.

OFICIAL.—Y don Álvaro, ¿qué hará?

CANÓNIGO.—Para acertarlo, debe buscar otra novia, porque si insiste en sus descabelladas pretensiones, se expone a que los hijos del señor marqués vengan, el uno de la Universidad y el otro del regimiento, a sacarle de los cascos los amores de doña Leonor.

OFICIAL.—Muy partidario soy de don Álvaro, aunque no le he hablado en mi vida, y sentiría verlo empeñado en un lance con don Carlos, el hijo mayorazgo del marqués. Le he visto el mes pasado en Barcelona, y he oído contar los dos últimos desafíos que ha tenido ya, y se le puede ayunar[11].

CANÓNIGO.—Es uno de los oficiales más valientes del regimiento de Guardias Españolas, donde no se chancea en esto de lances de honor.

HABITANTE PRIMERO.—Pues el hijo segundo del señor marqués, el don Alfonso[12], no le va en zaga. Mi primo, que acaba de llegar de Salamanca, me ha dicho que es el coco de la Universidad, más espadachín que estudiante, y que tiene metidos en un puño a los matones sopistas[13].

---

[11] *ayunarle a uno,* 'temerle, respetarle'.

[12] «el don Alfonso»: nótese el empleo del artículo ante *don,* uso familiar.

[13] *sopistas* se decía de los estudiantes pobres que seguían su carrera sin recursos propios, a merced de la caridad. Algunos desembocaban en el vagabundeo y la vida picaresca. Así, Gerindo:

> ... Soy un enjerto
> de soldado y estudiante
> de sopista y bandolero.

(Moreto, *El licenciado Vidriera.*)

Vid. J. García Mercadal, *Estudiantes, sopistas y pícaros,* Madrid, 1956, col. Austral, núm. 1.180.

MAJO.—¿Y desde cuando está fuera de Sevilla la señorita doña Leonor?

OFICIAL.—Hace cuatro días que se la llevó el padre a su hacienda, sacándola de aquí a las cinco de la mañana, después de haber estado toda la noche hecha la casa un infierno.

PRECIOSILLA.—¡Pobre niña!... ¡Qué linda es y qué salada!... Negra suerte le espera... Mi madre le dijo la buenaventura, recién nacida, y siempre que la nombra se le saltan las lágrimas... Pues el generoso don Álvaro...

HABITANTE PRIMERO.—En nombrando al ruin de Roma, luego asoma... Allí viene don Álvaro.

ESCENA III

Empieza a anochecer, y se va oscureciendo el teatro. DON ÁLVARO *sale embozado en una capa de seda, con un gran sombrero blanco, botines y espuelas; cruza lentamente la escena, mirando con dignidad y melancolía a todos los lados, y se va por el puente. Todos lo observan en gran silencio.*

ESCENA IV

MAJO.—¿Adónde irá a estas horas?

CANÓNIGO.—A tomar el fresco al Altozano.

TÍO PACO.—Dios vaya con él.

OFICIAL.—¿A qué va al Aljarafe?

TÍO PACO.—Yo no sé; pero como estoy siempre aquí, de día y de noche, soy un vigilante centinela de cuanto pasa por esta puente... Hace tres días que a media tarde pasa por ella hacia allá un negro con dos caballos de mano y que don Álvaro pasa a estas horas; y luego a las cinco de la mañana, vuelve a pasar hacia acá, siempre a pie, y como media hora después pasa el negro con los mismos caballos llenos de polvo y de sudor.

CANÓNIGO.—¿Cómo?... ¿Qué me cuenta usted, tío Paco?...

TÍO PACO.—Yo, nada; digo lo que he visto, y esta tarde ya ha pasado el negro, y hoy no lleva dos caballos, sino tres.

HABITANTE PRIMERO.—Lo que es atravesar el puente hacia allá a estas horas, he visto yo a don Álvaro tres tardes seguidas.

MAJO.— Y yo he visto ayer, a la salida de Triana, al negro con los caballos.

HABITANTE SEGUNDO.— Y anoche, viniendo yo de San Juan de Alfarache, me paré en medio del olivar a apretar las cinchas a mi caballo, y pasó a mi lado, sin verme y a escape, don Álvaro, como alma que llevan los demonios, y detrás iba el negro. Los conocí por la jaca torda[14], que no se puede despintar... ¡Cada relámpago que daban las herraduras!...

CANÓNIGO.— *(Levantándose y aparte.)* ¡Hola, hola!... Preciso es dar aviso al señor marqués.

OFICIAL.— Me alegraría de que la niña traspusiese[15] una noche con su amante y dejara al vejete pelándose las barbas.

CANÓNIGO.— Buenas noches, caballeros; me voy, que empieza a ser tarde. *(Aparte, yéndose.)* Sería faltar a la amistad no avisar al instante al marqués de que don Álvaro le ronda la hacienda. Tal vez podemos evitar una desgracia.

ESCENA V

El teatro representa una sala colgada de damasco, con retratos de familia, escudos de armas y los adornos que se estilaban en el siglo XVIII, pero todo deteriorado; y habrá dos balcones, uno cerrado y otro abierto y practicable, por el que se verá un cielo puro, iluminado por la luna, y algunas copas de árboles. Se pondrá en medio una mesa con tapete de damasco, y sobre ella habrá una guitarra, vasos chinescos con flores y dos candeleros de plata con velas, únicas luces que alumbrarán la escena. Junto a la mesa habrá un sillón. Por la izquierda entrará el MARQUÉS DE CALATRAVA *con una palmatoria en la mano, y detrás de él* DOÑA LEONOR, *y por la derecha entra la* CRIADA.

MARQUÉS *(Abrazando y besando a su hija.)*

Buenas noches, hija mía;
hágate una santa el cielo.

---

[14] Es notable la afición del Duque de Rivas por los caballos, a los que suele describir en su raza y color. Por ejemplo, en el comienzo del romance morisco *En una yegua tordilla,* compuesto en los comienzos de su carrera literaria (1806). *Jaca torda* es la que tiene el pelo mezclado de negro y blanco.

[15] *traspusiese,* 'se fugase'.

Adiós, mi amor, mi consuelo,
mi esperanza, mi alegría.
No dirás que no es galán   5
tu padre. No descansara
si hasta aquí no te alumbrara
todas las noches... Están
abiertos estos balcones *(Los cierra.)*
y entra relente... Leonor...   10
¿Nada me dice tu amor?
¿Por qué tan triste te pones?

Doña Leonor *(Abatida y turbada.)*

Buenas noches, padre mío.

Marqués

Allá para Navidad
iremos a la ciudad,   15
cuando empiece el tiempo frío.
Y para entonces traeremos
al estudiante, y también
al capitán. Que les den
permiso a los dos haremos.   20
¿No tienes gran impaciencia
por abrazarlos?

Doña Leonor

¡Pues no!
¿Qué más puedo anhelar yo?

Marqués

Los dos lograrán licencia.
Ambos tienen mano franca   25
condición que los abona,
y Carlos, de Barcelona,
y Alfonso, de Salamanca,

ricos presentes te harán.
Escríbeles tú, tontilla,   30
y algo que no haya en Sevilla
pídeles, y lo traerán.

DOÑA LEONOR

Dejarlo será mejor
a su gusto delicado.

MARQUÉS

Lo tienen, y muy sobrado.   35
Como tú quieras, Leonor.

CURRA

Si, como a usted, señorita,
carta blanca se me diera,
a don Carlos le pidiera
alguna bata bonita   40
de Francia. Y una cadena
con su broche de diamante
al señorito estudiante,
que en Madrid la hallará buena.

MARQUÉS

Lo que gustes, hija mía.   45
Sabes que el ídolo eres
de tu padre... ¿No me quieres?
(La abraza y besa tiernamente.)

DOÑA LEONOR *(Afligida.)*

¡Padre!... ¡Señor!...

MARQUÉS

      La alegría
vuelva a ti, prenda del alma;

piensa que tu padre soy,   50
y que de continuo estoy
soñando tu bien... La calma
recobra, niña... En verdad,
desde que estamos aquí,
estoy contento de ti.   55
Veo la tranquilidad
que con la campestre vida
va renaciendo en tu pecho,
y me tienes satisfecho;
sí, lo estoy mucho, querida,   60
Ya se me ha olvidado todo;
eres muchacha obediente,
y yo seré diligente
en darte un buen acomodo.
Sí, mi vida, ¿quién mejor   65
sabrá lo que te conviene
que un tierno padre, que tiene
por ti el delirio mayor?

DOÑA LEONOR *(Echándose en brazos de su padre con gran des-
consuelo.)*

¡Padre amado! ¡Padre mío!

MARQUÉS

Basta, basta. ¿Qué te agita?   70
(Con gran ternura.)
Yo te adoro, Leonorcita;
no llores... ¡Qué desvarío!

DOÑA LEONOR

¡Padre!... ¡Padre!

MARQUÉS *(Acariciándola y desasiéndose de sus brazos.)*

Adiós, mi bien.
A dormir, y no lloremos.

Tus cariñosos extremos 75
el cielo bendiga. Amén.
(Vase el Marqués, *y queda* Leonor *muy abatida y llorosa sentada en el sillón.)*

ESCENA VI

Curra *va detrás del* Marqués, *cierra la puerta por donde aquél
se ha ido, y vuelve cerca de* Doña Leonor.

Curra

¡Gracias a Dios... Me temí
que todito se enredase,
y que señor[16] se quedase
hasta la mañana aquí. 80
¡Qué listo cerró el balcón!...
que por el del palomar
vamos las dos a volar,
le dijo su corazón.
Abrirlo sea lo primero; 85
(Ábrelo.)
ahora, lo segundo es
cerrar las maletas. Pues
salgan ya de su agujero.
(Saca Curra *unas maletas y ropa y se pone a
arreglarlo todo, sin que en ello repare* Doña Leonor.)*

Doña Leonor

¡Infeliz de mí!... ¡Dios mío!
¿por qué un amoroso padre, 90
que por mí tanto desvelo

---

[16] *señor,* sin artículo, es otra forma del habla familiar en contraste con la se-
ñalada en la nota núm. 12.

tiene, y cariño tan grande,
se ha de oponer tenazmente
(¡ay, el alma se me parte!...)
a que yo dichosa sea   95
y pueda feliz llamarme?...
¿cómo quien tanto me quiere
puede tan cruel mostrarse?
Más dulce mi suerte fuera
si aún me viviera mi madre[17].   100

CURRA

¿Si viviera la señora?...
usted está delirante.
Más vana que señor era;
señor, al cabo es un ángel.
¡Pero ella!... Un genio tenía   105
y un copete... Dios nos guarde.
Los señores de esta tierra
son todos de un mismo talle.
Y si alguna señorita
busca un novio que le cuadre,   110
como no esté en pergaminos
envuelto, levantan tales
alaridos... Mas ¿qué importa
cuando hay decisión bastante?...
Pero no perdamos tiempo;   115
venga usted, venga a ayudarme,
porque yo no puedo sola...

DOÑA LEONOR

¡Ay, Curra!... ¡Si penetrases
cómo tengo el alma! Fuerza
me falta hasta para alzarme   120
de esta silla... ¡Curra amiga!

---

[17] «si aun *me* viviera mi madre», dativo ético pronominal; *vid.* nota 7.

Lo confieso, no lo extrañes:
no me resuelvo; imposible....
es imposible. ¡Ah!... ¡Mi padre!
Sus palabras cariñosas,   125
sus extremos, sus afanes,
sus besos y sus abrazos,
eran agudos puñales
que el pecho me atravesaban.
Si se queda un solo instante,   130
no hubiera más resistido...
ya iba a sus pies a arrojarme,
y confundida, aterrada,
mi proyecto a revelarle,
y a morir, ansiando sólo   135
que su perdón me acordase.

¡Pues hubiéramos quedado
frescas, y echado un buen lance!
Mañana vería usted
revolcándose en su sangre,   140
con la tapa de los sesos
levantada, al arrogante,
al enamorado, al noble
don Álvaro. O arrastrarle
como un malhechor, atado,   145
por entre estos olivares,
a la cárcel de Sevilla;
y allá para Navidades,
acaso, acaso en la horca.

DOÑA LEONOR

¡Ay, Curra! El alma me partes.   150

CURRA

Y todo esto, señorita,
porque la desgracia grande

tuvo el infeliz de veros,
y necio de enamorarse
de quien no le corresponde   155
ni resolución bastante
tiene para...

        Basta, Curra:
no mi pecho despedaces.
¿Yo a su amor no correspondo?
Que le correspondo sabes...   160
por él, mi casa y familia,
mis hermanos y mi padre
voy a abandonar, y sola...

Sola no, que yo soy alguien,
y también Antonio va,   165
y nunca en ninguna parte
la dejaremos... ¡Jesús!

¿Y mañana?

        Día grande.
Usted, la adorada esposa
será del más adorable,   170
rico y lindo caballero
que puede en el mundo hallarse,
y yo, la mujer de Antonio.
Y a ver tierras muy distantes
iremos ambas... ¡Qué bueno!   175

¿Y mi anciano y tierno padre?

¿Quién? ¿Señor? Rabiará un poco,
pateará, contará el lance
al capitán general
con sus pelos y señales;   180
fastidiará al asistente
y también a sus compadres
el canónigo, el jurado
y los vejetes maestrantes;
saldrán mil requisitorias   185
para buscarnos en balde,
cuando nosotras estemos
ya seguritas en Flandes.
Desde allí escribirá usted,
y comenzará a templarse   190
señor, y a los nueve meses,
cuando sepa hay un infante
que tiene sus mismos ojos
empezará a consolarse.
Y nosotras, chapurrando   195
que no nos entienda nadie,
volveremos de allí a poco,
a que con festejos grandes
nos reciban, y todito
será banquetes y bailes.   200

DOÑA LEONOR

¿Y mis hermanos del alma?

CURRA

¡Toma, toma!... Cuando agarren
del generoso cuñado,
uno, con que hacer alarde
de vistosos uniformes   205
y con que rendir beldades,

y el otro, para libracos,
merendonas y truhanes,
reventarán de alegría.

DOÑA LEONOR

No corre en tus venas sangre.   210
¡Jesús, y qué cosas tienes!

CURRA

Porque digo las verdades.

DOÑA LEONOR

¡Ay, desdichada de mí!

CURRA

Desdicha, por cierto grande
el ser adorado dueño   215
del mejor de los galanes.
Pero, vamos, señorita,
ayúdeme usted, que es tarde.

DOÑA LEONOR

Sí, tarde es, y aún no parece
don Álvaro... ¡Oh, si faltase   220
esta noche!... ¡Ojalá!... ¡Cielos!...
Que jamás estos umbrales
hubiera pisado, fuera
mejor... No tengo bastante
resolución..., lo confieso.   225
Es tan duro el alejarse
así de su casa... ¡Ay, triste!
(Mira el reloj y sigue en inquietud.)

Las doce han dado... ¡Qué tarde
es ya, Curra! No, no viene.
¿Habrá en esos olivares   230
tenido algún mal encuentro?
Hay siempre en el Aljarafe
tan mala gente... Y Antonio,
¿estará alerta?

CURRA

Indudable
es que está de centinela   235

DOÑA LEONOR *(Con gran sobresalto.)*

Curra, ¿qué suena?... ¿Escuchaste?

CURRA

Pisadas son de caballos.

DOÑA LEONOR *(Corre al balcón.)*

¡Ay, él es!...

CURRA

Si que faltase
era imposible...

DOÑA LEONOR *(Muy agitada.)*

¡Dios mío!

CURRA

Pecho al agua, y adelante.   240

ESCENA VII

DON ÁLVARO, *en cuerpo, con una jaquetilla de mangas perdidas sobre una rica chupa de majo, redecilla, calzón de ante, etc., entra por el balcón y se echa en brazos de* DOÑA LEONOR.

DON ÁLVARO *(Con gran vehemencia.)*

¡Ángel consolador del alma mía!...
¿Van ya los santos cielos
a dar corona eterna a mis desvelos?...
Me ahoga la alegría
¿Estamos abrazados   245
para no vernos nunca separados?...
Antes, antes la muerte
que de ti separarme y que perderte.

DOÑA LEONOR *(Muy agitada.)*

¡Don Álvaro!

DON ÁLVARO

Mi bien, mi Dios, mi todo.
¿Qué te agita y te turba de tal modo?   250
¿Te turba el corazón ver que tu amante
se encuentra en este instante
más ufano que el sol?... ¡Prenda adorada!

DOÑA LEONOR

Es ya tan tarde...

DON ÁLVARO

¿Estabas enojada
porque tardé en venir? De mi retardo   255

no soy culpado, no dulce señora;
hace más de una hora
que despechado aguardo
por estos rededores
la ocasión de llegar, y ya temía   260
que de mi adversa estrella los rigores
hoy deshicieran la esperanza mía.
Mas no, mi bien, mi gloria, mi consuelo;
protege nuestro amor el santo cielo
y una carrera eterna de ventura,   265
próvido, a nuestras plantas asegura.
El tiempo no perdamos.
¿Está ya todo listo? Vamos, vamos.

CURRA

Sí; bajo del balcón, Antonio, el guarda
las maletas espera;   270
las echaré al momento.
    (Va hacia el balcón.)

DOÑA LEONOR *(Resuelta.)*

                    Curra, aguarda,
detente... ¡Ay, Dios! ¿No fuera,
don Álvaro, mejor...?

DON ÁLVARO

                    ¿Qué, encanto mío?...
¿Por qué tiempo perder? La jaca torda,
la que, cual dices tú, los campos borda, 275
la que tanto te agrada
por su obediencia y brío,
para ti está, mi dueño[18], enjaezada.

---

[18] Las expresiones *mi dueño, dueño mío,* son corrientes en la literatura clásica, dirigidas tanto a hombres como a mujeres, con significación amorosa. *Due-*

Para Curra, el overo,
para mí, el alazán gallardo y fiero...[19]   280
¡Oh, loco estoy de amor y de alegría!
En San Juan de Alfarache, preparado
todo, con gran secreto, lo he dejado.
El sacerdote en el altar espera;
Dios nos bendecirá desde su esfera,   285
y cuando el nuevo sol en el Oriente,
protector de mi estirpe soberana[20],
numen eterno en la región indiana,
la regia pompa de su trono ostente,
monarca de la luz, padre del día,   290
yo tu esposo seré; tú, esposa mía.

DOÑA LEONOR

Es tan tarde... ¡Don Álvaro!

ño en estos ejemplos es del género epiceno. *Vid.* antes, en el verso 215: Curra
lo emplea con el mismo sentido.
   Cfr. con dos ejemplos del teatro clásico español:

> porque Inés mi dueño es
> para vivir o morir.

> (Lope de Vega, *El caballero de Olmedo*,
> jornada 2.ª, esc. II, vv. 996-997.)

> Doña Lucrecia de Luna
> se llama la más hermosa,
> que es mi dueño; y la otra dama
> que acompañándola viene,
> sé dónde la casa tiene
> mas no sé cómo se llama.

> (Juan Ruiz de Alarcón, *La verdad sospe-
> chosa*, jornada 1.ª, esc. VI, vv. 551-556.)

[19] «La jaca torda... el overo... y el alazán»: tres razas de caballos, designadas
por su color (mezcla de negro y blanco, parecido al melocotón, o a la canela,
respectivamente). Véase la nota 14.
[20] *mi estirpe soberana:* aquí alude don Álvaro a su ascendencia real, con sangre de los incas, hijos y adoradores del sol.

DON ÁLVARO *(A Curra.)*

              Muchacha,
¿qué te detiene ya? Corre, despacha;
por el balcón esas maletas, luego...

DOÑA LEONOR *(Fuera de sí.)*

¡Curra, Curra, detente!   295
¡Don Álvaro!

DON ÁLVARO

¡¡Leonor!!

DOÑA LEONOR

           Dejadlo os ruego
para mañana.

DON ÁLVARO

¿Qué?

DOÑA LEONOR

       Más fácilmente...

DON ÁLVARO *(Demudado y confuso.)*

¿Qué es esto, qué, Leonor? ¿Te falta ahora
resolución?... ¡Ay, yo, desventurado!

DOÑA LEONOR

¡Don Álvaro! ¡Don Álvaro!

DON ÁLVARO

          ¡Señora!   300

Doña Leonor

¡Ay! Me partís el alma...

Don Álvaro

                    Destrozado
tengo yo el corazón... ¿Dónde está, dónde,
vuestro amor, vuestro firme juramento?
Mal con vuestra palabra corresponde
tanta irresolución en tal momento.   305
Tan súbita mudanza...
No os conozco, Leonor. ¿Llevóse el viento
de mi delirio toda la esperanza?
Sí, he cegado en el punto
en que alboraba[21] el más risueño día   310
Me sacarán difunto
de aquí, cuando inmortal salir creía.
Hechicera engañosa,
¿la perspectiva hermosa
que falaz me ofreciste así deshaces?   315
¡Pérfida! ¿Te complaces
en levantarme al trono del Eterno
para después hundirme en el infierno?[22]...
¡Sólo me resta ya...!

Doña Leonor *(Echándose en sus brazos.)*

                    No, no; te adoro.
¡Don Álvaro!... ¡Mi bien!... Vamos, sí, vamos.   320

Don Álvaro

¡Oh, mi Leonor!...

---

[21] *alboraba*, 'alboreaba'.
[22] versos 316-318, exaltación hiperbólica muy del gusto romántico.

CURRA

El tiempo no perdamos.

DON ÁLVARO

¡Mi encanto, mi tesoro!
   (DOÑA LEONOR, *muy abatida, se apoya en el
hombro de* DON ÁLVARO, *con muestras de desmayarse.)*
Mas ¿qué es esto? ¡Ay de mí! ¡Tu mano yerta!
Me parece la mano de una muerta...
Frío está tu semblante   325
como la losa de un sepulcro helado...

DOÑA LEONOR

¡Don Álvaro!

DON ÁLVARO

              ¡Leonor! *(Pausa.)* Fuerza bastante
hay para todo en mí... ¡Desventurado!
La conmoción conozco que te agita,
inocente Leonor. Dios no permita   330
que por debilidad en tal momento
sigas mis pasos y mi esposa seas.
Renuncio a tu palabra y juramento;
hachas de muerte las nupciales teas
fueran para los dos... Si no me amas   335
como te amo yo a ti... Si arrepentida...

DOÑA LEONOR

Mi dulce esposo, con el alma y vida
es tuya tu Leonor; mi dicha fundo
en seguirte hasta el fin del ancho mundo.

Vamos; resuelta estoy, fijé mi suerte,   340
separarnos podrá sólo la muerte.

*(Van hacia el balcón, cuando de repente se oye ruido, ladridos y abrir
y cerrar puertas.)*

Doña Leonor.—¡Dios mío! ¿Qué ruido es éste? ¡Don Álvaro!

Curra.—Parece que han abierto las puertas del patio... y la de la escalera...

Doña Leonor.—¿Se habrá puesto malo mi padre?...

Curra.—¡Qué! No, señora; el ruido viene de otra parte.

Doña Leonor.—¿Habrá llegado alguno de mis hermanos?

Don Álvaro.—Vamos, vamos, Leonor, no perdamos ni un instante.

*(Vuelven hacia el balcón y de repente se ve por él el resplandor de ha-
chones de viento y se oye galopar de caballos.)*

Doña Leonor.—¡Somos perdidos! Estamos descubiertos... Imposible es la fuga.

Don Álvaro.—Serenidad es necesario en todo caso.

Curra.—¡La Virgen del Rosario nos valga y las ánimas ben-ditas!... ¿Qué será de mi pobre Antonio? *(Se asoma al balcón y grita.)* ¡Antonio! ¡Antonio!

Don Álvaro.—¡Calla, maldita! No llames la atención hacia este lado; entorna el balcón. *(Se acerca el ruido de puertas y pi-sadas.)*

Doña Leonor.—¡Ay, desdichada de mí! Don Álvaro, escón-dete... aquí... en mi alcoba...

Don Álvaro.—*(Resuelto.)* No, yo no me escondo... No te abandono en tal conflicto. *(Prepara una pistola.)* Defenderte y salvarte es mi obligación.

Doña Leonor.—*(Asustadísima.)* ¿Qué intentas? ¡Ay! Retira esa pistola que me hiela la sangre... ¡Por Dios, suéltala!... ¿La dispararás contra mi buen padre?... ¿Contra alguno de mis hermanos?... ¿Para matar a alguno de los fieles y anti-guos criados de esta casa?...

Don Álvaro.—*(Profundamente confundido.)* No, no, amor mío... La emplearé en dar fin a mi desventurada vida.

Doña Leonor.—¡Qué horror! ¡Don Álvaro!

ESCENA VIII

Ábrese la puerta con estrépito, después de varios golpes en ella, y entra el Marqués, *en bata y gorro, con un espadón desnudo en la mano, y detrás, dos criados mayores con luces*[23].

Marqués.—*(Furioso.)* ¡Vil seductor!... ¡Hija infame!

Doña Leonor.—*(Arrojándose a los pies de su padre.)* ¡Padre! ¡Padre!

Marqués.—No soy tu padre... Aparta... Y tú, vil advenedizo...

Don Álvaro.—Vuestra hija es inocente... Yo soy el culpado... Atravesadme el pecho. *(Hinca una rodilla.)*

Marqués.—Tu actitud suplicante manifiesta lo bajo de tu condición...

Don Álvaro.—*(Levantándose.)* ¡Señor marqués!... ¡Señor marqués!...

Marqués.—*(A su hija.)* Quita, mujer inicua. *(A* Curra, *que le sujeta el brazo.)* Y tú, infeliz, ¿osas tocar a tu señor? *(A los criados.)* Ea, echaos sobre ese infame, sujetadle, atadle...

Don Álvaro.—*(Con dignidad.)* Desgraciado del que me pierda el respeto. *(Saca una pistola y la monta.)*

Doña Leonor.—*(Corriendo hacia* Don Álvaro.) ¡Don Álvaro!... ¿Qué vais a hacer?

Marqués.—Echaos sobre él al punto.

Don Álvaro.—¡Ay de vuestros criados si se mueven! Vos sólo tenéis derecho para atravesarme el corazón.

Marqués.—¿Tú morir a manos de un caballero? No; morirás a las del verdugo.

---

[23] Adviértase la extraordinaria rapidez y la violencia exclamativa de esta escena final de la jornada 1.ª

Don Álvaro.—¡Señor marqués de Calatrava! Mas, ¡ah!, no; tenéis derecho para todo... Vuestra hija es inocente... Tan pura como el aliento de los ángeles que rodean el trono del Altísimo. La sospecha a que puede dar origen mi presencia aquí a tales horas concluya con mi muerte, salga envolviendo mi cadáver como si fuera mi mortaja... Sí, debo morir..., pero a vuestras manos. *(Pone una rodilla en tierra.)* Espero resignado el golpe; no lo resistiré; ya me tenéis desarmado. *(Tira la pistola, que al dar en tierra se dispara y hiere al marqués, que cae moribundo en los brazos de su hija y de los criados, dando un alarido.)*

Marqués.—Muerto soy... ¡Ay de mí!...

Don Álvaro.—¡Dios mío! ¡Arma funesta! ¡Noche terrible!

Doña Leonor.—¡Padre, padre!

Marqués.—Aparta; sacadme de aquí..., donde muera sin que esta vil me contamine con tal nombre...

Doña Leonor.—¡Padre!...

Marqués.—¡Yo te maldigo!

(Cae Leonor *en brazos de* Don Álvaro, *que la arrastra hacia el balcón.)*

Jornada segunda

La escena es en la villa de Hornachuelos[24] y sus
alrededores.

ESCENA PRIMERA

*Es de noche, y el teatro representa la cocina de un mesón de la villa de
Hornachuelos. Al frente estará la chimenea y el hogar. A la izquierda, la puerta de entrada; a la derecha, dos puertas practicables. A un
lado, una mesa larga de pino, rodeada de asientos toscos, y alumbra-
do todo por un gran candilón. El* MESONERO *y el* ALCALDE *aparecerán sentados gravemente al fuego. La* MESONERA, *de rodillas,
guisando. Junto a la mesa, el* ESTUDIANTE, *cantando y tocando la
guitarra. El* ARRIERO *que habla, cribando cebada en el fondo del
teatro. El* TÍO TRABUCO, *tendido en primer término sobre sus jalmas. Los dos* LUGAREÑOS, *las dos* LUGAREÑAS, *la* MOZA *y uno
de los* ARRIEROS, *que no habla, estarán bailando seguidillas. El otro*
ARRIERO, *que no habla, estará sentado junto al* ESTUDIANTE *y ja-*

---

[24] *Hornachuelos:* «villa con ayuntamiento de la provincia y diócesis de Córdoba, de la que dista ocho leguas, partido judicial de Posadas, audiencia terri-
torial de Sevilla. Situada sobre un eminente y escarpado cerro circundado de
enormes peñascos, donde la combaten libremente todos los vientos... A una
legua al NO. de la población se halla el convento de Santa María de los Ángeles, que fundó en 1490 Fray Juan de la Puebla, llamado en el siglo don Juan
de Sotomayor y Zúñiga, segundo conde que fue de Belalcázar, y en sus inmediaciones existen otras tres ermitas denominadas de San Miguel, San Rafael
y San Gabriel...» (Madoz, *Diccionario geográfico,* Madrid, 1847, tomo IX, pági-
na 231).

leando a los que bailan. Encima de la mesa habrá una bota de vino,
unos vasos y un frasco de aguardiente.

ESTUDIANTE
(Cantando en voz recia al son de la guitarra, y las tres parejas
bailando con gran algazara.)

> Poned en estudiantes
> vuestro cariño,
> que son, como discretos,
> agradecidos. 345
> Viva Hornachuelos,
> vivan de sus muchachas
> los ojos negros.
> Dejad a los soldados,
> que es gente mala 350
> y así que dan el golpe
> vuelven la espalda.
> Viva Hornachuelos,
> vivan de sus muchachas
> los ojos negros. 355

MESONERA.—*(Poniendo una sartén sobre la mesa.)* Vamos, vamos, que se enfría... *(A la criada.)* Pepa, al avío.

ARRIERO.—*(El del cribo.)* Otra coplita.

ESTUDIANTE.—*(Dejando la guitarra.)* Abrenuncio[25]. Antes de todo, la cena.

MESONERA.—Y si después quiere la gente seguir bailando y alborotando, váyanse al corral o la calle, que hay una luna clara como de día. Y dejen en silencio el mesón, que si unos quieren jaleo, otros quieren dormir. Pepa, Pepa... ¿No digo que basta ya de zangoloteo?

TÍO TRABUCO.—*(Acostado en sus arreos.)* Tía Colasa, usted está en lo cierto. Yo, por mí, quiero dormir.

---

[25] *abrenuncio*, 'renuncio' (del latín *abrenuntiare*), expresión popularizada por usarse en la ceremonia del bautismo.

MESONERO.—Sí, ya basta de ruido. Vamos a cenar. Señor alcalde, eche su merced la bendición y venga a tomar una presita[26].

ALCALDE.—Se agradece, señor Monipodio[27].

MESONERA.—Pero acérquese su merced.

ALCALDE.—Que eche la bendición el señor licenciado.

ESTUDIANTE.—Allá voy, y no seré largo, que huele el bacalao a gloria. «In nomine Patris et Filii et Spiritus Sancti.»

TODOS.—Amén. *(Se van acomodando alrededor de la mesa todos menos* TRABUCO.)

MESONERA.—Tal vez el tomate no estará bastante cocido, y el arroz estará algo duro... Pero con tanta babilonia[28] no se puede.

ARRIERO.—Está diciendo «comedme, comedme».

ESTUDIANTE.—*(Comiendo con ansia.)* Está exquisito..., especial, parece ambrosía...

MESONERA.—Alto allá, señor bachiller; la tía Ambrosia no me gana a mí a guisar ni sirve para descalzarme el zapato; no, señor.

ARRIERO.—La tía Ambrosia es más puerca que una telaraña.

MESONERO.—La tía Ambrosia es un guiñapo, es un paño de aporrear moscas; se revuelven las tripas de entrar en su mesón, y compararla con mi Colasa no es cosa regular.

ESTUDIANTE.—Ya sé yo que la señora Colasa es pulcra, y no lo dije por tanto.

ALCALDE.—En toda la comarca de Hornachuelos no hay una persona más limpia que la señora Colasa ni un mesón como el del señor Monipodio.

MESONERA.—Como que cuantas comidas de boda se hacen en la villa pasan por estas manos que ha de comer la tierra. Y de las bodas de señores, no le parezca a usted, señor bachiller... Cuando se casó el escribano con la hija del regidor...

---

[26] *presita*, diminutivo de *presa*, 'tajada, pedazo o porción de una cosa comestible'.

[27] *Monipodio* es el nombre de un pícaro sevillano en la novela de Cervantes *Rinconete y Cortadillo*.

[28] *babilonia* (y babel), 'desorden y confusión, nombres comunes que en su origen eran propios'.

ESTUDIANTE.—Conque qué se le puede decir a la señora Colasa: «tu das mihi epulis accumbere divum»[29].

MESONERA.—Yo no sé latín, pero sé guisar... Señor alcalde, moje siquiera una sopa...

ALCALDE.—Tomaré, por no despreciar, una cucharadita de gazpacho, si es que lo hay.

MESONERO.—¿Cómo que si lo hay?

MESONERA.—¿Pues había de faltar donde yo estoy?... ¡Pepa! *(A la* MOZA.) Anda a traerlo. Está sobre el brocal del pozo, desde media tarde, tomando el fresco. *(Vase la* MOZA.)

ESTUDIANTE.—*(Al* ARRIERO, *que está acostado.)* ¡Tío Trabuco, hola, tío Trabuco! ¿No viene usted a hacer la razón?

TÍO TRABUCO.—No ceno.

ESTUDIANTE.—¿Ayuna usted?

TÍO TRABUCO.—Sí, señor, que es viernes.

MESONERO.—Pero un traguito...

TÍO TRABUCO.—Venga. *(Le alarga el* MESONERO *la bota, y bebe un trago el* TÍO TRABUCO.) ¡Ju! Esto es zupia[30]. Alárgueme usted, tío Monipodio, el frasco del aguardiente para enjuagarme la boca. *(Bebe y se acurruca.)*

MOZA.—*(Entrando con una fuente de gazpacho.)* Aquí está la gracia de Dios.

TODOS.—Venga, venga.

ESTUDIANTE.—Parece, señor alcalde, que esta noche hay mucha gente forastera en Hornachuelos.

ARRIERO.—Las tres posadas están llenas.

ALCALDE.—Como es el jubileo de la Porciúncula[31], y el convento de San Francisco de los Ángeles, que está aquí en el desierto, a media legua corta, es tan famoso..., viene mucha gente a confesarse con el padre guardián, que es un siervo de Dios.

---

[29] «me haces participar en el festín ofrecido a las divinidades»: cita de Virgilio *(Eneida,* lib. I, 79).

[30] *zupia,* 'vino turbio, con posos'.

[31] *jubileo de la Porciúncula:* fiesta de los franciscanos que se celebra el 2 de agosto; su nombre es el de la iglesia conventual y casa matriz de la Orden de San Francisco, llamada de Nuestra Señora de la Porciúncula, cerca de Asís, en Italia.

Mesonera.—Es un santo.

Mesonero.—*(Toma la bota y se pone en pie.)* Jesús, por la buena compañía, y que Dios nos dé salud y pesetas en esta vida y la gloria en la eterna. *(Bebe.)*

Todos.—Amén. *(Pasa la bota de mano en mano.)*

Estudiante.—*(Después de beber.)* Tío Trabuco, tío Trabuco, ¿está usted con los angelitos?

Tío Trabuco.—Con las malditas pulgas y con sus voces de usted, ¿quién puede estar sino con los demonios?

Estudiante.—Queríamos saber, tío Trabuco, si esa personilla de alfeñique que ha venido con usted y que se ha escondido de nosotros, viene a ganar el jubileo.

Tío Trabuco.—Yo no sé nunca a lo que van ni vienen los que viajan conmigo.

Estudiante.—Pero... ¿es gallo o gallina?

Tío Trabuco.—Yo, de los viajeros, no miro más que la moneda, que ni es hembra ni es macho.

Estudiante.—Sí, es género epiceno; como si dijéramos, hermafrodita... Pero veo que es usted muy taciturno, tío Trabuco.

Tío Trabuco.—Nunca gasto saliva en lo que no me importa. Y buenas noches, que se me va quedando la lengua dormida, y quiero guardarle el sueño, sonsoniche[32].

Estudiante.—Pues, señor, con el tío Trabuco no hay emboque[33]. Dígame usted, nostrama[34] *(A la* Mesonera*)*, ¿por qué no ha venido a cenar el tal caballerito?

Mesonera.—Yo no sé.

Estudiante.—Pero, vamos, ¿es hembra o varón?

Mesonera.—Que sea lo que sea, lo cierto es que le vi el rostro, por más que se lo recataba, cuando se apeó del mulo, y que lo tiene como un sol, y eso que traía los ojos, de llorar y de polvo, que daba compasión.

Estudiante.—¡Oiga!

Mesonera.—Sí, señor, y en cuanto se metió en ese cuarto, volviéndome siempre la espalda, me preguntó cuánto había

---

[32] *sonsoniche*, exclamación.

[33] *emboque*, 'engaño', término familiar.

[34] *nostrama*, 'nuestra ama', contracción castiza; hay algún ejemplo clásico de *nuestramo* y *muesama*.

de aquí al convento de los Ángeles, y yo se lo enseñé desde la ventana, que, como está tan cerca, se ve clarito, y...

ESTUDIANTE.—¡Hola, conque es pecador que viene al jubileo!

MESONERA.—Yo no sé; luego se acostó, digo se echó en la cama vestido, y bebió antes un vaso de agua con unas gotas de vinagre.

ESTUDIANTE.—Ya; para refrescar el cuerpo.

MESONERA.—Y me dijo que no quería luz, ni cena, ni nada, y se quedó como rezando el Rosario entre dientes. A mí me parece que es persona muy...

MESONERO.—Charla, charla... ¿Quién diablos te mete en hablar de los huéspedes?... ¡Maldita sea tu lengua!

MESONERA.—Como el señor licenciado quería saber...

ESTUDIANTE.—Sí, señora Colasa; dígame usted...

MESONERO.—*(A su mujer.)* ¡Chitón!

ESTUDIANTE.—Pues, señor, volvamos al tío Trabuco. ¡Tío Trabuco, tío Trabuco! *(Se acerca a él y le despierta.)*

TÍO TRABUCO.—¡Malo!... ¿Me quiere usted dejar en paz?

ESTUDIANTE.—Vamos, dígame usted: esa persona, ¿cómo viene en el mulo, a mujeriegas o a horcajadas?

TÍO TRABUCO.—¡Ay, qué sangre!... De cabeza.

ESTUDIANTE.—Y, dígame usted: ¿de dónde salió usted esta mañana, de Posadas o de Palma?[35].

TÍO TRABUCO.—Yo no sé sino que tarde o temprano voy al cielo.

ESTUDIANTE.—¿Por qué?

TÍO TRABUCO.—Porque ya me tiene usted en el purgatorio.

ESTUDIANTE.—*(Se ríe.)* ¡Ah, ah, ah!... ¿Y va usted a Extremadura?

TÍO TRABUCO.—*(Se levanta, recoge sus jalmas y se va con ellas muy enfadado.)* No, señor, a la caballeriza, huyendo de usted, y a dormir con mis mulos, que no saben latín ni son bachilleres.

---

[35] *Posadas y Palma del Río* son pueblos de la provincia de Córdoba; el estudiante trata de averiguar si el tío Trabuco viene de Córdoba y pernoctó la noche anterior en Posadas, o de Sevilla y descansó en Palma.

Estudiante.—*(Se ríe.)* ¡Ah, ah, ah! Se atufó... ¡Hola, Pepa, salerosa! ¿Y no has visto tú al escondido?

Moza.—Por la espalda.

Estudiante.— ¿Y en qué cuarto está?

Moza.—*(Señala la primera puerta de la derecha.)* En ése...

Estudiante.—Pues ya que es lampiño, vamos a pintarle unos bigotes con tizne... Y cuando se despierte por la mañana reiremos un poco. *(Se tizna los dedos y va hacia el cuarto.)*

Algunos.—Sí..., sí.

Mesonero.—No, no.

Alcalde.—*(Con gravedad.)* Señor estudiante, no lo permitiré yo, pues debo proteger a los forasteros que llegan a esta villa y administrarles justicia como a los naturales de ella.

Estudiante.—No lo dije por tanto, señor alcalde...

Alcalde.—Yo, sí. Y no fuera malo saber quién es el señor licenciado, de dónde viene y adónde va, pues parece algo alegre de cascos.

Estudiante.—Si la justicia me lo pregunta de burlas o de veras, no hay inconveniente en decirlo, que aquí se juega limpio. Soy el bachiller Pereda, graduado por Salamanca, «in utroque»[36], y hace ocho años que curso sus escuelas, aunque pobre, con honra y no sin fama. Salí de allí hace más de un año, acompañando a mi amigo y protector el señor licenciado Vargas, y fuimos a Sevilla a vengar la muerte de su padre el marqués de Calatrava y a indagar el paradero de su hermana, que se escapó con el matador. Pasamos allí algunos meses, donde también estuvo su hermano mayor, el actual marqués, que es oficial de Guardias. Y como no lograron su propósito, se separaron jurando venganza. Y el licenciado y yo nos vinimos a Córdoba, donde dijeron que estaba la hermana. Pero no la hallamos tampoco, y allí supimos que había muerto en la refriega que armaron los criados del marqués la noche de su muerte con los del robador y asesino, y que éste se había vuelto a América. Con lo que marchamos a Cádiz, donde mi protector, el licenciado Vargas, se ha embarcado para buscar allá al enemigo de su fami-

---

[36] *in utroque (iure)*, «en ambos derechos» (civil y canónico), locución latina escolar.

lia. Y yo me vuelvo a mi Universidad a desquitar el tiempo perdido y a continuar mis estudios, con los que y la ayuda de Dios puede ser que me vea algún día gobernador del Consejo u arzobispo de Sevilla.

ALCALDE.— Humos tiene el señor bachiller, y ya basta, pues se ve en su porte y buena explicación que es hombre de bien y que dice verdad.

MESONERA.— Dígame usted, señor estudiante: ¿y qué, mataron a ese marqués?

ESTUDIANTE.— Sí.

MESONERA.— ¿Y lo mató el amante de su hija y luego la robó?... ¡Ay! Cuéntenos su merced esa historia, que será muy divertida; cuéntela su merced...

MESONERO.— ¿Quién te mete a ti en saber vidas ajenas? ¡Maldita sea tu curiosidad! Pues que ya hemos cenado, demos gracias a Dios, y a recogerse. *(Se ponen todos en pie y se quitan el sombrero, como que rezan.)* Eh, buenas noches; cada mochuelo a su olivo.

ALCALDE.— Buenas noches, y que haya juicio y silencio.

ESTUDIANTE.— Pues me voy a mi cuarto *(Se va a meter en el del viajero incógnito.)*

MESONERO.— ¡Hola! No es ése; el de más allá.

ESTUDIANTE.— Me equivoqué.

(Vanse el ALCALDE y los lugareños; entra el ESTUDIANTE en su cuarto; la MOZA, el ARRIERO y la MESONERA retiran la mesa y bancos, dejando la escena desembarazada. El MESONERO se acerca al hogar, y queda todo en silencio y solos el MESONERO y MESONERA).

ESCENA II

MESONERO

Colasa, para medrar
en nuestro oficio, es forzoso
que haya en la casa reposo
y a ninguno incomodar.
Nunca meterse a oliscar   360
quiénes los huéspedes son;

no gastar conversación
con cuantos llegan aquí;
servir bien, decir «no» o «sí»,
cobrar la mosca[37], y chitón.   365

MESONERA

No, por mí no lo dirás;
bien sabes que callar sé.
Al bachiller pregunté...

MESONERO

Pues eso estuvo de más.

MESONERA

También ahora extrañarás   370
que entre en ese cuarto a ver
si el huésped ha menester
alguna cosa, marido,
pues es, sí, lo he conocido,
una afligida mujer.   375
    (Toma un candil y entra la MESONERA
    muy recatadamente en el cuarto.)

MESONERO

Entra, que entrar es razón,
aunque temo, a la verdad,
que vas por curiosidad
más bien que por compasión.

---

[37] «cobrar la *mosca*», expresión familiar. Cfr. lo que dice Precinilla en la jornada 1.ª, esc. II.

MESONERA *(Saliendo muy asustada.)*

¡Ay, Dios mío! Vengo muerta; 380
desapareció la dama;
nadie he encontrado en la cama,
y está la ventana abierta.

MESONERO

¿Cómo? ¿Cómo?... ¡Ya lo sé!...
la ventana al campo da, 385
y como tan baja está,
sin gran trabajo se fue.
   *(Andando hacia el cuarto donde entró
la mujer, quedándose él a la puerta.)*
Quiera Dios no haya cargado
con la colcha nueva.

MESONERA *(Dentro.)*

                    Nada,
todo está aquí... ¡Desdichada! 390
Hasta dinero ha dejado
sí, sobre la mesa un duro.

MESONERO

Vaya entonces en buen hora.

MESONERA *(Saliendo a la escena.)*

No hay duda: es una señora
que se encuentra en grande apuro. 395

MESONERO

Pues con bien la lleve Dios,
y vámonos a acostar,
y mañana no charlar;

que esto quede entre los dos.
Echa un cuarto en el cepillo   400
de las ánimas, mujer
y el duro véngame a ver;
échámelo en el bolsillo.

ESCENA III

*El teatro representa una plataforma en la ladera de una áspera monta-
ña. A la izquierda, precipicios y derrumbaderos. Al frente, un profundo valle atravesado por un riachuelo en cuya margen se ve, a lo lejos, la
villa de Hornachuelos, terminando el fondo en altas montañas. A la
derecha, la fachada del convento de los Ángeles, de pobre y humilde ar-
quitectura. La gran puerta de la iglesia, cerrada, pero practicable, y sobre ella, una claraboya de medio punto, por donde se verá el resplandor
de las luces interiores, más hacia el proscenio, la puerta de la portería,
también practicable y cerrada; en medio de ella, una mirilla o gatera,
que se abre y se cierra, y al lado, el cordón de una campanilla. En medio de la escena habrá una gran cruz de piedra tosca y corroída por el
tiempo, puesta sobre cuatro gradas que puedan servir de asiento. Estará todo iluminado por una luna clarísima. Se oirá dentro de la iglesia
el órgano y cantar* Maitines *al coro de frailes, y saldrá como subiendo
por la izquierda* DOÑA LEONOR, *muy fatigada y vestida de hombre,
con un gabán de mangas, sombrero gacho y botines*[38].

DOÑA LEONOR

Sí..., ya llegué, Dios mío;
gracias os doy rendida.   405
   (Arrodíllase al ver el convento.)

---

[38] La mujer vestida de hombre es una figura corriente en el teatro clásico español desde que Lope de Rueda la presentó en la *Comedia de los engañados*
(1556). Lope de Vega usó mucho de este tipo e incluso lo recomienda en el
Arte nuevo de hacer comedias: «suele el disfraz varonil agradar muchos». *La vida
es sueño* de Calderón empieza con el parlamento de Rosaura, que sale «en há-
bito de hombre de camino». Véase la erudita obra de Carmen Bravo-Villasan-
te, *La mujer vestida de hombre en el teatro español (siglos XVI-XVII),* Madrid, ed. Revista de Occidente, 1955.

En ti, Virgen Santísima, confío;
sed el amparo de mi amarga vida.
Este refugio es sólo
el que puedo tener de polo a polo.
(Álzase.)
No me queda en la tierra   410
más asilo y resguardo
que los áridos riscos de esta sierra;
en ella estoy... ¿Aún tiemblo y me acobardo?
(Mira hacia el sitio por donde ha venido.)
¡Ah!... Nadie me ha seguido
ni mi fuga veloz notada ha sido   415
No me engañé; la horrenda historia mía
escuché referir en la posada...
Y ¿quién, cielos, sería
aquel que la contó? ¡Desventurada!
Amigo dijo ser de mis hermanos...   420
¡Oh cielos soberanos!...
¿Voy a ser descubierta?
Estoy de miedo y de cansancio muerta.
(Se sienta mirando en rededor y luego al cielo.)
¡Qué asperezas! ¡Qué hermosa y clara luna!
¡La misma que hace un año   425
vio la mudanza atroz de mi fortuna
y abrirse los infiernos en mi daño!
(Pausa larga.)
No fue ilusión... Aquel que de mí hablaba
dijo que navegaba
don Álvaro, buscando nuevamente   430
los apartados climas de Occidente.
¡Oh Dios! ¿Y será cierto?
Con bien arribe de su patria al puerto.
(Pausa.)
¡Y no murió la noche desastrada
en que yo, yo..., manchada   435
con la sangre infeliz del padre mío,
le seguí..., le perdí...! ¿Y huye el impío?
¿Y huye el ingrato?... ¿Y huye y me abandona?
(Cae de rodillas.)

¡Oh Madre santa de piedad! Perdona,
perdona, le olvidé. Sí, es verdadera,   440
lo es mi resolución. Dios de bondades,
con penitencia austera,
lejos del mundo en estas soledades,
el furor expiaré de mis pasiones.
¡Piedad, piedad, Señor; no me abandones!   445
   *(Queda en silencio y como en profunda meditación,
recostada en las gradas de la cruz, y después de una
larga pausa continúa.)*
Los sublimes acentos de ese coro
de bienaventurados
y los ecos pausados
del órgano sonoro,
que cual de incienso vaporosa nube   450
al trono santo del Eterno sube,
difunden en mi alma
bálsamo dulce de consuelo y calma
   (Se levanta resuelta.)
¿Qué me detengo, pues?... Corro al tranquilo...
corro al sagrado asilo...   455
   (Va hacia el convento y se detiene.)
Mas ¿cómo a tales horas?... ¡Ah!... No puedo
ya dilatarlo más, hiélame el miedo
de encontrarme aquí sola. En esa aldea
hay quien mi historia sabe.
En lo posible cabe   460
que descubierta con la aurora sea.
Este santo prelado
de mi resolución está informado,
y de mis infortunios... Nada temo.
Mi confesor de Córdoba hace días   465
que las desgracias mías
le escribió largamente...
Sé de su caridad el noble extremo;
me acogerá indulgente.
¿Qué dudo, pues, qué dudo?...   470
¡Sed, oh Virgen Santísima, mi escudo!
   (Llega a la portería y toca la campanilla.)

ESCENA IV

Se abre la mirilla que está en la puerta, y por ella sale el resplandor de un farol que da de pronto en el rostro de Doña Leonor, *y ésta se retira como asustada. El* Hermano Melitón *habla toda esta escena dentro.*

Hermano Melitón.—¿Quién es?

Doña Leonor.—Una persona a quien interesa mucho, mucho, ver al instante al reverendo padre guardián.

Hermano Melitón.—¡Buena hora de ver al padre guardián!... La noche está clara, y no será ningún caminante perdido. Si viene a ganar el jubileo, a las cinco se abrirá la iglesia; vaya con Dios; Él le ayude.

Doña Leonor.—Hermano, llamad al padre guardián. Por caridad.

Hermano Melitón.—¡Qué caridad a estas horas! El padre guardián está en el coro.

Doña Leonor.—Traigo para su reverencia un recado urgente del padre Cleto, definidor del convento de Córdoba, quien ya le ha escrito sobre el asunto de que vengo a hablarle.

Hermano Melitón.—¡Hola!... ¿Del padre Cleto?... ¿Del definidor del convento de Córdoba? Eso es distinto... Iré, iré a decírselo al padre guardián. Pero dígame, hijo, ¿el recado y la carta son sobre aquel asunto con el padre general, que está pendiente allá en Madrid?

Doña Leonor.—Es una cosa muy interesante.

Hermano Melitón.—Pero ¿para quién?

Doña Leonor.—Para la criatura más infeliz del mundo.

Hermano Melitón.—¡Mala recomendación! Pero, bueno, abriré la portería, aunque es contra regla, para que entréis a esperar.

Doña Leonor.—No, no, no puedo entrar... ¡Jesús!

Hermano Melitón.—Bendito sea su santo nombre... Pero ¿sois algún excomulgado?... Si no, es cosa rara preferir el esperar al raso. En fin, voy a darle el recado, que probablemente no tendrá respuesta. Si no vuelvo, buenas noches; ahí a la bajadita está la villa, y hay un buen mesón: el de la tía Colasa. *(Ciérrase la ventanilla y* DOÑA LEONOR *queda muy abatida.)*

ESCENA V

DOÑA LEONOR

> ¿Será tan negra y dura
> mi suerte miserable,
> que este santo prelado
> socorro y protección no quiera darme?   475
> La rígida aspereza
> y las dificultades
> que ha mostrado el portero
> me pasman de terror, hielan mi sangre.
> Mas no, si da el aviso   480
> al reverendo padre,
> y éste es tan docto y bueno
> cual dicen todos, volará a ampararme.
> ¡Oh Soberana Virgen
> de desdichados Madre!   485
> Su corazón ablanda
> para que venga pronto a consolarme.
> *(Queda en silencio; da la una el reloj del convento; se abre la portería, en la que aparecen el* PADRE GUARDIÁN *y el* HERMANO MELITÓN *con un farol; éste se queda en la puerta y aquél sale a la escena.)*

ESCENA VI

DOÑA LEONOR, *el* PADRE GUARDIÁN y *el* HERMANO MELITÓN.

PADRE GUARDIÁN

El que me busca, ¿quién es?

DOÑA LEONOR

Yo soy, padre, que quería...

PADRE GUARDIÁN

Ya se abrió la portería;   490
entrad en el claustro, pues.

DOÑA LEONOR *(Muy sobresaltada.)*

¡Ah!... Imposible, padre; no.

PADRE GUARDIÁN

¡Imposible!... ¿Qué decís?...

DOÑA LEONOR

Si que os hable permitís,
aquí sólo puedo yo.   495

PADRE GUARDIÁN

Si os envía el padre Cleto,
hablad que es mi grande amigo.

DOÑA LEONOR

Padre, que sea sin testigo,
porque me importa el secreto.

PADRE GUARDIÁN

¿Y quién?... Mas ya os entendí.   500
Retiraos, fray Melitón,
y encajad ese portón;
dejadnos solos aquí.

HERMANO MELITÓN

¿No lo dije? Secretitos.
Los misterios, ellos solos,   505
que los demás somos bolos
para estos santos benditos.

PADRE GUARDIÁN

¿Qué murmura? `

HERMANO MELITÓN

     Que está tan
premiosa esta puerta..., y luego.

PADRE GUARDIÁN

Obedezca, hermano lego.   510

HERMANO MELITÓN

Ya me la echó de guardián.
(Ciérrase la puerta y vase.)

ESCENA VII

DOÑA LEONOR y *el* PADRE GUARDIÁN

PADRE GUARDIÁN *(Acercándose a* LEONOR.*)*

Ya estamos, hermano, solos.
Mas ¿por qué tanto misterio?
¿No fuera más conveniente
que entrarais en el convento?   515
No sé qué pueda impedirlo...
Entrad, pues, que yo os lo ruego;
entrad; subid a mi celda;

tomaréis un refrigerio,
y después...

DOÑA LEONOR

No, padre mío.   520

PADRE GUARDIÁN

¿Qué os horroriza? No entiendo...

DOÑA LEONOR *(Muy abatida.)*

Soy una infeliz mujer.

PADRE GUARDIÁN *(Asustado.)*

¡Una mujer!... ¡Santo cielo!
¡Una mujer!... A estas horas,
en este sitio... ¿Qué es esto?   525

DOÑA LEONOR

Una mujer infelice[39]
maldición del universo,
que a vuestras plantas rendida
    (Se arrodilla.)
os pide amparo y remedio,
pues vos podéis libertarla   530
de este mundo y del infierno.

PADRE GUARDIÁN

Señora, alzad. Que son grandes
    (La levanta.)
vuestros infortunios creo,
cuando os miro en este sitio

---

[39] *infelice,* paragoge poética; compárese con el verso 522, «soy una infeliz mujer».

y escucho tales lamentos.   535
Pero ¿qué apoyo, decidme,
qué amparo prestaros puedo
yo, un humilde religioso
encerrado en estos yermos?

DOÑA LEONOR

¿No habéis, padre, recibido   540
la carta que el padre Cleto...?

PADRE GUARDIÁN *(Recapacitando.)*

¿El padre Cleto os envía?

DOÑA LEONOR

A vos, cual solo remedio
de todos mis infortunios,
si, benigno, los intentos   545
que a estos montes me conducen
permitís tengan efecto.

PADRE GUARDIÁN *(Sorprendido.)*

¿Sois doña Leonor de Vargas?
¿Sois, por dicha...? ¡Dios eterno!

DOÑA LEONOR *(Abatida.)*

¡Os horroriza el mirarme!   550

PADRE GUARDIÁN *(Afectuoso.)*

No, hija mía; no, por cierto,
ni permita Dios que nunca
tan duro sea mi pecho
que a los desgraciados niegue
la compasión y el respeto.   555

¡Yo lo soy tanto!

Padre Guardián

           Señora,
vuestra agitación comprendo.
No es extraño, no. Seguidme,
venid. Sentaos un momento
al pie de esta cruz; su sombra   560
os dará fuerza y consuelos.
   (Lleva el Guardián *a* Doña Leonor, *y se
sientan ambos al pie de la cruz.)*

Doña Leonor

¡No me abandonéis, oh padre!

Padre Guardián

No, jamás; contad conmigo.

Doña Leonor

De este santo monasterio
desde que el término piso,   565
más tranquila tengo el alma,
con más libertad respiro.
Ya no me cercan, cual hace
un año, que hoy se ha cumplido,
los espectros y fantasmas   570
que siempre en redor he visto.
Ya no me sigue la sombra
sangrienta del padre mío,
ni escucho sus maldiciones,
ni su horrenda herida miro,   575
ni...

¡Oh, no lo dudo, hija mía!
Libre estáis en este sitio
de esas vanas ilusiones,
aborto de los abismos.
Las insidias del demonio,   580
las sombras a que da brío
para conturbar al hombre,
no tienen aquí dominio.

DOÑA LEONOR

Por eso aquí busco ansiosa
dulce consuelo y auxilio,   585
y de la Reina del cielo,
bajo el regio manto abrigo.

PADRE GUARDIÁN

Vamos despacio, hija mía;
el padre Cleto me ha escrito
la resolución tremenda   590
que al desierto os ha traído;
pero no basta.

DOÑA LEONOR

        Sí basta;
es inmutable..., lo fío;
es inmutable.

PADRE GUARDIÁN

        ¡Hija mía!

DOÑA LEONOR

Vengo resuelta, lo he dicho,   595
a sepultarme por siempre
en la tumba de estos riscos.

¡Cómo!

Doña Leonor

     ¿Seré la primera?...
No lo seré, padre mío.
Mi confesor me ha informado   600
de que en este santo sitio
otra mujer infelice[40]
vivió muerta para el siglo.
Resuelta a seguir su ejemplo,
vengo en busca de su asilo: 605
dármelo, sin duda, puede
la gruta que le dio abrigo;
vos, la protección y amparo
que para ello necesito,
y la soberana Virgen,   610
su santa gracia y su auxilio.

Padre Guardián

No os engañó el padre Cleto,
pues diez años ha vivido
una santa penitente
en este yermo tranquilo,   615
de los hombres ignorada,
de penitencias prodigio.
En nuestra iglesia sus restos
están, y yo los estimo
como la joya más rica   620
de esta casa, que, aunque indigno,
gobierno en el santo nombre
de mi padre San Francisco.
La gruta que fue su albergue,

---

[40] Véase la nota anterior.

y a que reparos precisos 625
se le hicieron, está cerca:
en ese hondo precipicio.
Aún existen en su seno
los humildes utensilios
que usó la santa, a su lado, 630
un arroyo cristalino
brota apacible.

DOÑA LEONOR

       Al momento
llevadme allá, padre mío.

PADRE GUARDIÁN

¡Oh doña Leonor de Vargas!
¿Insistís?

DOÑA LEONOR

      Sí, padre, insisto. 635
Dios me manda...

PADRE GUARDIÁN

      Raras veces
Dios tan grandes sacrificios
exige de los mortales.
¡Y ay de aquel que de un delirio
en el momento, hija mía, 640
tal vez se engaña a sí mismo!
Todas las tribulaciones
de este mundo fugitivo
son, señora, pasajeras:
al cabo encuentran alivio. 645
Y al Dios de bondad se sirve
y se le aplaca lo mismo
en el claustro, en el desierto,

de la corte en el bullicio,
cuando se le entrega el alma   650
con fe viva y pecho limpio.

DOÑA LEONOR

No es un acaloramiento,
no un instante de delirio,
quien[41] me sugirió la idea
que a buscaros me ha traído.   655
Desengaños de este mundo
y un año ¡ay, Dios!, de suplicios,
de largas meditaciones,
de continuados peligros,
de atroces remordimientos   660
de reflexiones conmigo,
mi intención ha madurado
y esfuerzo me han concedido
para hacer voto solemne
de morir en este sitio.   665
Mi confesor venerable,
que ya mi historia os ha escrito,
el padre Cleto, a quien todos
llaman santo, y con motivo,
mi resolución aprueba.   670
Aunque, cual vos, al principio
trató de desvanecerla
con sus doctos raciocinios,
y a vuestras plantas me envía
para que me deis auxilio.   675
No me abandonéis, ¡oh padre!,
por el cielo os lo suplico;
mi resolución es firme;
mi voto, inmutable y fijo,
y no hay fuerza en este mundo   680
que me saque de estos riscos.

---

[41] Uso arcaico del relativo *quien,* invariable y con referencia a personas y cosas; sus antecedentes son aquí «acaloramiento» y «un instante de delirio».

PADRE GUARDIÁN

Sois muy joven, hija mía.
¿Quién lo que el cielo propicio
aún nos puede guardar sabe?[42].

DOÑA LEONOR

Renuncio a todo; lo he dicho.   685

PADRE GUARDIÁN

Acaso aquel caballero...

DOÑA LEONOR

¿Qué pronunciáis?... ¡Oh martirio!
Aunque inocente, manchado
con sangre del padre mío
está, y nunca, nunca...

PADRE GUARDIÁN

         Entiendo   690
Mas de vuestra casa el brillo,
vuestros hermanos...

DOÑA LEONOR

         Mi muerte
sólo anhelan, vengativos.

PADRE GUARDIÁN

¿Y la bondadosa tía
que en Córdoba os ha tenido   695
un año oculta?

---

[42] Adviértase el hipérbaton de los versos 683-684.

DOÑA LEONOR

　　　No puedo,
sin ponerla en compromiso,
abusar de sus bondades.

PADRE GUARDIÁN

Y que, ¿más seguro asilo
no fuera, y más conveniente,　　　　　　700
con las esposas de Cristo,
en un convento?...

DOÑA LEONOR

　　　　　No, padre;
son tantos los requisitos
que para entrar en el claustro
se exigen... y... ¡oh, no, Dios mío!　　　705
aunque me encuentro inocente
no puedo, tiemblo al decirlo,
vivir sino donde nadie
viva y converse conmigo.
Mi desgracia en toda España　　　　　　710
suena de modo distinto,
y una alusión, una seña,
una mirada, suplicios
pudieran ser que me hundieran
del despecho en el abismo.　　　　　　715
No, ¡jamás!... Aquí, aquí sólo;
si no me acogéis benigno,
piedad pediré a las fieras
que habitan en estos riscos,
alimento a estas montañas,　　　　　　720
vivienda a estos precipicios.
No salgo de este desierto;
una voz hiere mi oído,
voz del cielo, que me dice:
«Aquí, aquí», y aquí respiro.　　　　　　725
　　(Se abraza con la cruz.)

No, no habrá fuerzas humanas
que me arranquen de este sitio.

PADRE GUARDIÁN *(Levantándose y aparte.)*

¿Será verdad, Dios eterno?
¿Será tan grande y tan alta
la protección que concede   730
Vuestra Madre Soberana
a mí, pecador indigno,
que cuando soy de esta casa
humilde prelado venga
con resolución tan santa   735
otra mujer penitente
a ser luz de estas montañas?
¡Bendito seáis, Dios eterno,
cuya omnipotencia narran
esos cielos estrellados,   740
escabel de vuestras plantas!
¿Vuestra vocación es firme?...
¿Sois tan bienaventurada?...

DOÑA LEONOR

Es inmutable, y cumplirla
la voz del cielo me manda.   745

PADRE GUARDIÁN

Sea, pues, bajo el amparo
de la Virgen Soberana.
(Extiende una mano sobre ella.)

DOÑA LEONOR
(Arrojándose a las plantas del PADRE GUARDIÁN.)

¿Me acogéis?... ¡Oh Dios!... ¡Oh dicha!
¡Cuán feliz vuestras palabras
me hacen en este momento!...   750

PADRE GUARDIÁN *(Levantándola.)*

Dad a la Virgen las gracias.
Ella es quien asilo os presta
a la sombra de su casa.
No yo, pecador protervo,
vil gusano, tierra, nada.   755
   (Pausa.)

DOÑA LEONOR

Y vos, tan sólo vos, ¡oh padre mío!,
sabréis que habito en estas asperezas.
Ningún otro mortal...

PADRE GUARDIÁN

                 Yo solamente
sabré quién sois. Pero que avise es fuerza
a la comunidad de que la ermita   760
está ocupada y de que vive en ella
una persona penitente. Y nadie,
bajo precepto santo de obediencia,
osará aproximarse de cien pasos,
ni menos penetrar la humilde cerca   765
que a gran distancia la circunda en torno.
La mujer santa, antecesora vuestra,
sólo fue conocida del prelado,
también mi antecesor. Que mujer era
lo supieron los otros religiosos   770
cuando se celebraron sus exequias.
Ni yo jamás he de volver a veros;
cada semana, sí, con gran reserva,
yo mismo os dejaré junto a la fuente
la escasa provisión, de recogerla   775
cuidaréis vos... Una pequeña esquila,
que está sobre la puerta con su cuerda,
calando a lo interior, tocaréis sólo
de un gran peligro en la ocasión extrema

o en la hora de la muerte. Su sonido,   780
a mí, o al que, cual yo, prelado sea,
avisará, y espiritual socorro
jamás os faltará... No, nada tema.
La Virgen de los Ángeles os cubre
con su manto; será vuestra defensa   785
el ángel del Señor.

DOÑA LEONOR

          Mas mis hermanos...
O bandidos tal vez...

PADRE GUARDIÁN

          Y ¿quién pudiera
atreverse, hija mía, sin que al punto
sobre él tronara la venganza eterna?
Cuando vivió la penitente antigua   790
en este mismo sitio adonde os lleva
gracia especial del brazo omnipotente,
tres malhechores, con audacia ciega,
llegar quisieron al albergue santo;
al momento una horrísona tormenta   795
se alzó, enlutando el indignado cielo,
y un rayo desprendido de la esfera
hizo ceniza a dos de los bandidos,
y el tercero, temblando, a nuestra iglesia
acogióse, vistió el escapulario,   800
abrazando contrito nuestra regla,
y murió a los dos meses.

DOÑA LEONOR

          Bien, ¡oh padre!
Pues que encontré donde esconderme pueda
a los ojos del mundo, conducidme,
sin tardanza llevadme...

1º gta lo que está buscando

Al punto sea,   805

que ya la luz del alba se avecina.
Mas antes entraremos en la iglesia;
recibiréis mi absolución, y luego
el pan de vida y de salud eterna.

Vestiréis el sayal de San Francisco,   810

y os daré avisos que importaros puedan
para la santa y penitente vida
a que con gloria tanta estáis resuelta.

ESCENA VIII

PADRE GUARDIÁN

¡Hola!... Hermano Melitón.

¡Hola!... Despierte le digo;   815

de la iglesia abra el postigo.

HERMANO MELITÓN *(Dentro.)*

Pues qué, ¿ya las cinco son?...
(Sale bostezando.)
Apostaré a que no han dado.
(Bosteza.)

PADRE GUARDIÁN

La iglesia abra.

HERMANO MELITÓN

No es de día.

PADRE GUARDIÁN

¿Replica?... Por vida mía...   820

¿Yo?... En mi vida he replicado.
Bien podía el penitente
hasta las cinco esperar;
difícil será encontrar
un pecador tan urgente.   825
    *(Vase, y en seguida se oye descorrer el cerrojo
de la puerta de la iglesia y se la ve abrirse lentamente.)*

Padre Guardián *(Conduciendo a* Leonor *hacia la iglesia.)*

Vamos al punto, vamos.
En la casa de Dios, hermana, entremos,
su nombre bendigamos,
en su misericordia confiemos.

Jornada tercera

La escena es en Italia, en Veletri[43] y sus alrededores.

ESCENA PRIMERA

El teatro representa una sala corta, alojamiento de oficiales calaveras. En las paredes estarán colgados en desorden uniformes, capotes, sillas de caballos, armas, etc.; en medio habrá una mesa con tapete verde, dos candeleros de bronce con velas de sebo; cuatro oficiales alrededor, uno de ellos con la baraja en la mano; algunas sillas desocupadas.

PEDRAZA.—*(Entra muy de prisa.)* ¡Qué frío está esto!

OFICIAL PRIMERO.—Todos se han ido en cuanto me han desplumado; no he conseguido tirar ni una buena talla.

PEDRAZA.—Pues precisamente va a venir un gran punto, y si ve esto tan desierto y frío...

OFICIAL PRIMERO.—¿Y quién es el pájaro?

TODOS.—¿Quién?

PEDRAZA.—El ayudante del general, ese teniente coronel que ha llegado esta tarde con la orden de que al amanecer estemos sobre las armas. Es gran aficionado, tiene mucho rum-

---

[43] *Veletri* (en italiano Velletri) es una ciudad histórica, situada 30 kilómetros al sur de Roma. En las inmediaciones de Veletri fueron derrotadas el año 1744 las fuerzas del imperio austríaco por los españoles y napolitanos, dirigidos por Carlos de Borbón, rey de Nápoles. A las operaciones militares de esas fechas, durante la llamada Guerra de Sucesión austríaca, se alude en varias escenas de la presente jornada 3.ª y de la 4.ª; cuando se habla de los *alemanes* o de los *imperiales*, entiéndase que se refiere a los soldados de Austria.

bo y, a lo que parece, es blanquito[44]. Hemos cenado juntos en casa de la coronela, a quien ya le está echando requiebros, y el taimado de nuestro capellán lo marcó por suyo. Le convidó con que viniera a jugar, y ya lo trae hacia aquí.

OFICIAL PRIMERO.—Pues, señores, ya es éste otro cantar. Ya vamos a ser todos unos... ¿Me entienden ustedes?

TODOS.—Sí, sí; muy bien pensado.

OFICIAL SEGUNDO.—Como que es de plana mayor, y será contrario de los pobres pilíes[45].

OFICIAL CUARTO.—A él, y duro.

OFICIAL PRIMERO.—Pues para jugar con él tengo baraja preparada, más obediente que un recluta y más florida que el mes de mayo[46]... *(Saca una baraja del bolsillo.)* Y aquí está.

OFICIAL TERCERO.—¡Qué fino es usted, camarada!

OFICIAL PRIMERO.—No hay que jugar ases ni figuras[47]. Y al avío, que ya suena gente en la escalera. Tiro, tres a la derecha, nueve a la izquierda.

ESCENA II

DON CARLOS DE VARGAS *y el* CAPELLÁN.

CAPELLÁN

Aquí viene, compañeros,   830
un rumboso aficionado.

TODOS

Sea, pues muy bien llegado.
(Levantándose y volviéndose a sentar.)

---

[44] *blanquito:* los jugadores tramposos o fulleros *(negros)* llamaban *blanco* al «principiante, sencillo o de buena fe».

[45] *pilíes,* término jergal despectivo, quizá de origen calé o gitano, no consta en los diccionarios.

[46] «más *florida* que el mes de mayo»: las *flores* de la baraja son las señales, preparadas maliciosamente en los naipes para jugar con ventaja.

[47] «No hay que jugar ases ni figuras»: se trata del juego de la *veintiuna*.

DON CARLOS

Buenas noches, caballeros.
   (Aparte.)
¡Qué casa tan indecente!
Estoy, ¡vive Dios!, corrido   835
de verme comprometido
a alternar con esta gente.

OFICIAL PRIMERO

Sentaos.
   (Se sienta DON CARLOS, haciéndole todos lugar.)

CAPELLÁN *(Al banquero.)*

      Señor capitán,
¿y el concurso?

OFICIAL PRIMERO *(Barajando.)*

        Se afufó[48]
en cuanto me desbancó;   840
toditos repletos van.
Se declaró un juego eterno
que no he podido quebrar,
y siempre salió a ganar
una sota del infierno.   845
Veintidós veces salió,
y jamás a la derecha.

OFICIAL SEGUNDO

El que nunca se aprovecha
de tales gangas soy yo.

---

[48] *se afufó,* 'huyó'.

Y yo, en el juego contrario   850
me empeñé, que nada vi,
y ya sólo estoy aquí
para rezar el Rosario.

CAPELLÁN

Vamos.

PEDRAZA

Vamos.

OFICIAL PRIMERO

Tiro.

DON CARLOS

Juego.

OFICIAL PRIMERO

Tiro, a la derecha, el as,   855
y a la izquierda, la sotita.

OFICIAL SEGUNDO

Ya salió la muy maldita,
por vida de Barrabás...

OFICIAL PRIMERO

Rey a la derecha, nueve
a la izquierda.

DON CARLOS

Yo lo gano.   860

OFICIAL PRIMERO *(Paga.)*

¡Tengo apestada la mano!
Tres onzas; nada se debe.
A la derecha, la sota.

OFICIAL CUARTO

Ya quebró.

OFICIAL TERCERO

Pegarle fuego.

OFICIAL PRIMERO

A la izquierda, siete.

DON CARLOS

Juego.   865

OFICIAL SEGUNDO

Sólo el verla me rebota.

DON CARLOS

Copo.

CAPELLÁN

¿Con carta tapada?

OFICIAL PRIMERO

Tiro a la derecha el tres.

¡Qué bonita carta es!

OFICIAL PRIMERO

Cuando sale descargada.   870
A la izquierda, el cinco.

DON CARLOS *(Levantándose y sujetando la mano del que talla.)*

No;
con tiento, señor banquero.
(Vuelve su carta.)
Que he ganado mi dinero,
y trampas no sufro yo.

OFICIAL PRIMERO

¿Cómo trampas?... ¿Quién osar?...   875

DON CARLOS

Yo; pegado tras del cinco
está el caballo; buen brinco
le hicisteis, amigo, dar.

OFICIAL PRIMERO

Soy hombre pundonoroso,
y esto una casualidad...   880

DON CARLOS

Ésta es una iniquidad;
vos, un taimado tramposo.

PEDRAZA

Sois un loco, un atrevido.

DON CARLOS

Vos un vil, y con la espada...

TODOS

Ésta es una casa honrada. 885

CAPELLÁN

Por Dios, no hagamos rüido[49].

DON CARLOS *(Echando a rodar la mesa.)*

Abreviemos de razones.

TODOS *(Tomando las espadas.)*

¡Muera, muera el insolente!

DON CARLOS *(Sale defendiéndose.)*

¿Qué puede con un valiente
una cueva de ladrones? 890
*(Salen de la estancia acuchillándose, y dos o tres sol-
dados retiran la mesa, las sillas y desembarazan la escena.)*

ESCENA III

*El teatro representa una selva en una noche muy oscura. Aparece al
fondo* DON ÁLVARO, *solo, vestido de capitán de granaderos; se
acerca lentamente y dice con gran agitación.*

DON ÁLVARO *(Solo.)*

¡Qué carga tan insufrible
es el ambiente vital

---

[49] *rüido,* diéresis obligada por la medida del verso.

para el mezquino mortal
que nace en sino terrible!
¡Qué eternidad tan horrible   895
la breve vida! Este mundo,
¡qué calabozo profundo
para el hombre desdichado
a quien mira el cielo airado
con su ceño furibundo!   900
Parece, sí, que a medida
que es más dura y más amarga,
más extiende, más alarga
el destino nuestra vida.
Si nos está concedida   905
sólo para padecer,
y debe muy breve ser
la del feliz, como en pena
de que su objeto no llena,
¡terrible cosa es nacer![50].   910
Al que tranquilo, gozoso,
vive entre aplausos y honores,
y de inocentes amores
apura el cáliz sabroso;
cuando es más fuerte y brioso,   915
la muerte sus dichas huella,
sus venturas atropella
y yo, que infelice soy[51],
yo, que buscándola voy,
no puedo encontrar con ella.   920
    Mas ¿cómo la he de obtener,
¡desventurado de mí!,
pues cuando infeliz nací,
nací para envejecer?
Si aquel día de placer   925

---

[50] «*¡terrible cosa es nacer!*». Compárese con *La vida es sueño* de Calderón:
«... el delito mayor / del hombre es haber nacido». Hay algunas reminiscencias del Segismundo calderoniano en este monólogo de Don Álvaro.

[51] *infelice* en medio del verso, Segismundo comienza su monólogo: «Ay mí-
sero de mí, ay infelice.»

(que uno sólo he disfrutado),
fortuna hubiese fijado,
¡cuán pronto muerte precoz
con su guadaña feroz
mi cuello hubiera segado!   930
    Para engalanar mi frente,
allá en la abrasada zona[52]
con la espléndida corona
del imperio de Occidente,
amor y ambición ardiente   935
me engendraron de concierto,
pero con tal desacierto,
con tan contraria fortuna,
que una cárcel fue mi cuna
y fue mi escuela el desierto.   940
    Entre bárbaros crecí,
y en la edad de la razón,
a cumplir la obligación
que un hijo tiene acudí;
mi nombre ocultando, fui   945
(que es un crimen) a salvar
la vida, y así pagar
a los que a mí me la dieron,
que un trono soñando vieron
y un cadalso al despertar.   950
    Entonces, risueño un día,
uno sólo, nada más,
me dio el destino, quizás
con intención más impía.
Así en la cárcel sombría   955
mete una luz el sayón,
con la tirana intención
de que un punto el preso vea
el horror que lo rodea
en su espantosa mansión.   960

---

[52] *abrasada zona:* nueva alusión a la región ecuatorial —Perú— de donde procede don Álvaro, que a continuación nos entreabre el secreto de su origen. *Vid.* nota núm. 20.

¡¡Sevilla!! ¡¡Guadalquivir!!
¡Cuán atormentáis mi mente!...
¡Noche en que vi de repente
mis breves dichas huir!
¡Oh, qué carga es el vivir!   965
¡Cielos, saciad el furor!...
Socórreme, mi Leonor,
gala del suelo andaluz,
que ya eres ángel de luz
junto al trono del Señor.   970
Mírame desde tu altura
sin nombre en extraña tierra,
empeñado en una guerra
por ganar mi sepultura[53].
¿Qué me importa, por ventura,   975
que triunfe Carlos o no?[54].
¿Qué tengo de Italia en pro?
¿Qué tengo? ¡Terrible suerte!
Que en ella reina la muerte,
y a la muerte busco yo.   980
¡Cuánto, Dios, cuánto se engaña
el que elogia mi ardor ciego,

---

[53] Los versos 966-974, según Valbuena Prat, unen el «madrigal doliente con el rezo fervoroso», y los compara con otros de Zorrilla en el famosísimo *Don Juan Tenorio:*

> ¡Oh doña Inés de mi vida!
> Si esa voz con quien deliro
> es el postrimer suspiro
> de tu eterna despedida
> si es que de ti desprendida
> llega esa voz a la altura,
> y hay un Dios tras esa anchura
> por donde los astros van,
> dile que mire a Don Juan
> llorando en tu sepultura.

[54] El verso 976 se refiere a Carlos de Borbón (1716-1788), hijo de Felipe V y de su segunda mujer Isabel de Farnesio; rey de Nápoles de 1735 al 1759; y por la muerte de su hermano Fernando VI, en agosto de 1759, rey de España con el nombre de Carlos III.

viéndome siempre en el fuego
de esta extranjera campaña!
Llámanme la prez de España,   985
y no saben que mi ardor
sólo es falta de valor,
pues busco ansioso el morir
por no osar el resistir
de los astros el furor.   990
　　Si el mundo colma de honores
al que mata a su enemigo,
el que lo lleva consigo,
¿por qué no puede...?
　　(Óyese ruido de espadas.)

　　　　　DON CARLOS *(Dentro.)*

　　　　　　　　　　　¡Traidores!

　　　　VOCES *(Dentro.)*

¡Muera!

　　　　DON CARLOS *(Dentro.)*

　　¡Viles!

　　DON ÁLVARO *(Sorprendido.)*

　　　　　　¡Qué clamores!   995

　　DON CARLOS *(Dentro.)*

¡Socorro!

DON ÁLVARO *(Desenvainando la espada.)*

　　　　Dárselo quiero,
que oigo crujir el acero,

y si a los peligros voy
porque desgraciado soy,
también voy por caballero.   1000
   *(Éntrase; suena ruido de espadas; atraviesan
   dos hombres la escena como fugitivos, y vuelven
   a salir* DON ÁLVARO *y* DON CARLOS.)

ESCENA IV

DON ÁLVARO *y* DON CARLOS, *con las espadas desnudas.*

DON ÁLVARO

Huyeron... ¿estáis herido?

DON CARLOS

Mil gracias os doy, señor;
sin vuestro heroico valor,
de cierto estaba perdido,
y no fuera maravilla: 1005
eran siete contra mí,
y cuando grité, me vi
en tierra ya una rodilla.

DON ÁLVARO

¿Y herido estáis?

DON CARLOS *(Reconociéndose.)*

            Nada siento.
   (Envainan.)

DON ÁLVARO

¿Quiénes eran?

DON CARLOS

Asesinos. 1010

DON ÁLVARO

¿Cómo osaron, tan vecinos
de un militar campamento?...

DON CARLOS

Os lo diré francamente:
fue contienda sobre el juego.
Entré sin pensarlo, ciego, 1015
en un casuco indecente...

DON ÁLVARO

Ya caigo; aquí, a mano diestra...

DON CARLOS

Sí.

DON ÁLVARO

Que extrañe perdonad
que un hombre de calidad,
cual vuestro esfuerzo demuestra, 1020
entrara en tal gazapón,
donde sólo va la hez,
la canalla más soez,
de la milicia borrón.

DON CARLOS

Sólo el ser recién llegado 1025
puede, señor, disculparme;
vinieron a convidarme,
y accedí desalumbrado.

¿Conque ha poco estáis aquí?

DON CARLOS

Diez días ha que llegué   1030
a Italia; dos sólo que
al cuartel general fui.
Y esta tarde al campamento
con comisión especial
llegué de mi general,   1035
para el reconocimiento
de mañana. Y si no fuera
por vuestra espada y favor,
mi carrera sin honor
ya estuviera terminada.   1040
Mi gratitud sepa, pues,
a quién la vida he debido,
porque el ser agradecido
la obligación mayor es
para el hombre bien nacido.   1045

DON ÁLVARO *(Con indiferencia.)*

Al acaso.

DON CARLOS *(Con expresión.)*

Que me deis
vuestro nombre a suplicaros
me atrevo. Y para obligaros,
primero el mío sabréis.
  (Aparte.)
Siento no decir verdad: 1050
  Soy don Félix de Avendaña[55],

---

[55] *Don Félix de Avendaña:* nombre semejante al de don Tomás de Avendaño, uno de los protagonistas de *La ilustre fregona*. Con éste son ya tres los nombres inspirados en las *Novelas Ejemplares* de Cervantes (recuérdese a Preciosilla en la jornada 1.ª y al ventero Monipodio en la 2.ª. *Vid.* nota 27).

que he venido a esta campaña
sólo por curiosidad.
Soy teniente coronel,
y del general Briones   1055
ayudante: relaciones
tengo de sangre con él.

DON ÁLVARO *(Aparte.)*

¡Qué franco es y qué expresivo!
¡Me cautiva el corazón!

DON CARLOS

Me parece que es razón   1060
que sepa yo por quién vivo,
pues la gratitud es ley.

DON ÁLVARO

Soy... don Fadrique de Herreros,
capitán de granaderos
del regimiento del Rey.   1065

DON CARLOS *(Con grande admiración y entusiasmo.)*

¿Sois —¡grande dicha es la mía!—
del ejército español
la gloria, el radiante sol
de la hispana valentía?

DON ÁLVARO

Señor...

DON CARLOS

Desde que llegué   1070
a Italia, sólo elogiaros

y prez de España llamaros
por dondequiera escuché.
Y de español tan valiente
anhelaba la amistad.   1075

DON ÁLVARO

Con ella, señor, contad,
que me honráis muy altamente.
Y según os he encontrado
contra tantos combatiendo
bizarramente, comprendo   1080
que seréis muy buen soldado.
Y la gran cortesanía
que en vuestro trato mostráis
dice a voces que gozáis
de aventajada hidalguía.   1085
   (Empieza a amanecer.)
Venid, pues, a descansar
a mi tienda.

DON CARLOS

                    Tanto honor
será muy corto, señor,
que el alba empieza a asomar.
   *(Se oye a lo lejos tocar generala a las bandas de
tambores.)*

DON ÁLVARO

Y por todo el campamento   1090
de los tambores el son
convoca a la formación.
Me voy a mi regimiento.

DON CARLOS

Yo también, y a vuestro lado

asistiré en la pelea, 1095
donde os admire y os vea
como a mi ejemplo y dechado.

Don Álvaro

Favorecedor y amigo,
si sois cual cortés valiente[56],
yo de vuestro arrojo ardiente 1100
seré envidioso testigo.
(Vanse.)

ESCENA V

El teatro representa un risueño campo de Italia al amanecer; se verá a lo lejos el pueblo de Veletri y varios puestos militares; algunos cuerpos de tropa cruzan la escena, y luego sale una compañía de Infantería con el Capitán, *el* Teniente *y el* Subteniente. Don Carlos *sale a caballo con un ordenanza detrás y coloca la compañía a un lado, avanzando una guerrilla al fondo del teatro.*

Don Carlos.— Señor capitán, permaneceréis aquí hasta nueva orden; pero si los enemigos arrollan las guerrillas y se dirigen a esa altura donde está la compañía de Cantabria, marchad a socorrerla a todo trance.

Capitán.— Está bien; cumpliré con mi obligación. *(Vase don Carlos.)*

---

[56] Para la asociación de *cortés* y *valiente,* de frecuencia literaria, basta recordar unos versos del romance morisco de Góngora, que comienza *Entre los sueltos caballos:*

> Valiente eres, capitán,
> y cortés como valiente:
> por tu espada y por tu trato
> me has cautivado dos veces...

ESCENA VI

CAPITÁN.— Granaderos, en su lugar descanso. Parece que lo entiende este ayudante.

(Salen los oficiales de las filas y se reúnen, mirando con un anteojo hacia donde suena rumor de fusilería.)

TENIENTE.— Se va galopando al fuego como un energúmeno, y la acción se empeña más y más.

SUBTENIENTE.— Y me parece que ha de ser muy caliente.

CAPITÁN.— *(Mirando con el anteojo.)* Bien combaten los granaderos del Rey.

TENIENTE.— Como que llevan a la cabeza a la prez de España, al valiente don Fadrique de Herreros, que pelea como un desesperado.

SUBTENIENTE.— *(Tomando el anteojo y mirando con él.)* Pues los alemanes cargan a la bayoneta, y con brío; adiós, que nos desalojan de aquel puesto. *(Se aumenta el tiroteo.)*

CAPITÁN.— *(Toma el anteojo.)* A ver, a ver... ¡ay! Si no me engaño, el capitán de granaderos del Rey ha caído muerto o herido; lo veo claro, claro.

TENIENTE.— Yo distingo que se arremolina la compañía... y creo que retrocede.

SOLDADOS.— ¡A ellos, a ellos!

CAPITÁN.— Silencio. Firmes. *(Vuelve a mirar con el anteojo.)* Las guerrillas también retroceden.

SUBTENIENTE.— Uno corre a caballo hacia allá.

CAPITÁN.— Sí, es el ayudante... Está reuniendo la gente y carga... ¡con qué denuedo!... Nuestro es el día.

TENIENTE.— Sí, veo huir a los alemanes.

SOLDADOS.— ¡A ellos!

CAPITÁN.— Firmes, granaderos. *(Mira con el anteojo.)* El ayudante ha recobrado el puesto, la compañía del Rey carga a la bayoneta y lo arrolla todo.

TENIENTE.— A ver, a ver. *(Toma el anteojo y mira.)* Sí, cierto. Y el ayudante se apea del caballo y retira en sus brazos al capitán don Fadrique. No debe de estar más que herido; se lo llevan hacia Veletri.

TODOS.— Dios nos lo conserve, que es la flor del ejército.

CAPITÁN.— Pero por este lado no va tan bien. Teniente, vaya usted a reforzar con la mitad de la compañía las guerrillas que están en esa cañada, que yo voy a acercarme a la compañía de Cantabria; vamos, vamos.

SOLDADOS.— ¡Viva España! ¡Viva España! ¡Viva Nápoles!
(Marchan.)

ESCENA VII

El teatro representa el alojamiento de un oficial superior; al frente estará la puerta de la alcoba, practicable y con cortinas. Entra DON ÁLVARO *herido y desmayado en una camilla, llevada por cuatro granaderos. El* CIRUJANO, *a un lado, y* DON CARLOS, *a otro, lleno de polvo y como muy cansado; un soldado traerá la maleta de* DON ÁLVARO *y la pondrá sobre una mesa; colocarán la camilla en medio de la escena, mientras los granaderos entran en la alcoba a hacer la cama.*

DON CARLOS

Con mucho, mucho cuidado,
dejadle aquí, y al momento
entrad a arreglar mi cama.
    *(Vanse a la alcoba dos de los soldados y quedan
otros dos.)*

CIRUJANO

Y que haya mucho silencio.   1105

DON ÁLVARO *(Volviendo en sí.)*

¿Dónde estoy? ¿Dónde?

DON CARLOS *(Con mucho cariño.)*

                   En Veletri,
a mi lado, amigo excelso.

Nuestra ha sido la victoria.
Tranquilo estad.

DON ÁLVARO

           ¡Dios eterno!
Con salvarme de la muerte,
¡qué grande mal me habéis hecho!   1110

DON CARLOS

No digáis tal, don Fadrique,
cuando tan vano me encuentro
de que salvaros la vida
me haya concedido el cielo.   1115

DON ÁLVARO

¡Ay, don Félix de Avendaña,
qué grande mal me habéis hecho!
   (Se desmaya.)

CIRUJANO

Otra vez se ha desmayado;
agua y vinagre.

DON CARLOS *(A uno de los soldados.)*

           Al momento.
   (Al CIRUJANO.)
¿Está de mucho peligro?   1120

CIRUJANO

Este balazo del pecho,
en donde aún tiene la bala,
me da muchísimo miedo;

lo que es las otras heridas
no presentan tanto riesgo.   1125

Don Carlos *(Con gran vehemencia.)*

Salvad su vida, salvadle;
apurad todos los medios
del arte, y os aseguro
tal galardón...

Cirujano

      Lo agradezco;
para cumplir con mi oficio   1130
no necesito de cebo,
que en salvar a este valiente
interés muy grande tengo.
*(Entra el soldado con un vaso de agua y vina-
gre. El cirujano le rocía el rostro y le aplica un pomito a las narices.)*

Don Álvaro *(Vuelve en sí.)*

¡Ay!

Don Carlos

      Ánimo, noble amigo,
cobrad ánimo y aliento;   1135
pronto, muy pronto curado
y restablecido y bueno
volveréis a ser la gloria,
el norte de los guerreros.
Y a vuestras altas hazañas   1140
el rey dará todo el premio
que merece. Sí, muy pronto,
lozano otra vez, cubierto
de palmas inmarchitables
y de laureles eternos,   1145

con una rica encomienda
se adornará vuestro pecho
de Santiago o Calatrava[57].

DON ÁLVARO *(Muy agitado.)*

¿Qué escucho, qué? ¡Santo cielo
¡Ah, no, no! De Calatrava,   1150
jamás, jamás... ¡Dios eterno!

CIRUJANO

Ya otra vez se desmayó;
sin quietud y sin silencio
no habrá forma de curarlo;
    (A DON CARLOS. *)*
que no le habléis más os ruego.   1155
    *(Vuelve a darle agua y a aplicarle el
pomito a las narices.)*

DON CARLOS *(Suspenso, aparte.)*

El nombre de Calatrava,
¿qué tendrá, qué tendrá —tiemblo—
de terrible a sus oídos?...

CIRUJANO

No puedo esperar más tiempo
¿aún no está lista la cama?   1160
    (Mirando a la alcoba.)

DON CARLOS

Ya lo está.
    (Salen los dos soldados.)

---

[57] *Santiago* y *Calatrava* son las conocidas órdenes militares españolas, pero
el nombre de la segunda revive amargos recuerdos en don Álvaro.

CIRUJANO *(A los cuatro soldados.)*

Llevadle luego.

DON ÁLVARO *(Volviendo en sí.)*

¡Ay de mí!

CIRUJANO

Llevadle.

DON ÁLVARO *(Haciendo esfuerzos.)*

Esperen.
Poco, por lo que en mí siento,
me queda ya de este mundo,
y en el otro pensar debo.   1165
Mas antes de desprenderme
de la vida, de un gran peso
quiero descargarme. Amigo,
 (A DON CARLOS. *)*
un favor tan sólo anhelo.

CIRUJANO

Si habláis, señor, no es posible...   1170

DON ÁLVARO

No volver a hablar prometo.
Pero sólo una palabra,
y a él solo, que decir tengo.

DON CARLOS *(Al* CIRUJANO *y soldados.)*

Apartad; démosle gusto;
dejadnos por un momento.   1175
 (Se retiran el CIRUJANO *y los asistentes
a un lado.)*

Don Félix, vos solo, solo,
      (Le da la mano.)
cumpliréis con lo que quiero
de vos exigir. Juradme
por la fe de caballero
que haréis cuanto aquí os encargue   1180
con inviolable secreto

DON CARLOS

Yo os lo juro, amigo mío;
acabad, pues.
      (Hace un esfuerzo DON ÁLVARO *como para me-
ter la mano en el bolsillo y no puede.)*

DON ÁLVARO

                  ¡Ah..., no puedo!
Meted en este bolsillo
que tengo aquí al lado izquierdo,   1185
sobre el corazón, la mano.
      (Lo hace DON CARLOS.*)*
¿Halláis algo en él?

DON CARLOS

                  Sí; encuentro
una llavecita.

DON ÁLVARO

            Es ésa.
      (Saca DON CARLOS *la llave.)*
Con ella abrid, yo os lo ruego,
a solas y sin testigos,   1190
una caja que en el centro
hallaréis de mi maleta.

En ella, con sobre y sello,
un legajo hay de papeles;
custodiarlos con esmero,   1195
y al momento que yo expire
los daréis, amigo, al fuego.

DON CARLOS

¿Sin abrirlos?

DON ÁLVARO *(Muy agitado.)*

        Sin abrirlos,
que en ellos hay un misterio
impenetrable... ¿Palabra   1200
me dais, don Félix, de hacerlo?

DON CARLOS

Yo os la doy con toda el alma.

DON ÁLVARO

Entonces, tranquilo muero.
Dadme el postrimer abrazo
y ¡adiós, adiós!

CIRUJANO *(Enfadado.)*

        Al momento   1205
a la alcoba. Y vos, don Félix,
si es que tenéis tanto empeño
en que su vida se salve,
haced que guarde silencio,
y excusad también que os vea,   1210
pues se conmueve en extremo.
   *(Llévanse los soldados la camilla; entra también el
cirujano, y* DON CARLOS *queda pensativo y llo-
roso.)*

ESCENA VIII

Don Carlos

¿Ha de morir —¡qué rigor!—
tan bizarro militar?
Si no lo puedo salvar,
será eterno mi dolor, 1215
puesto que él me salvó a mí.
Y desde el momento aquél
que guardó mi vida él,
guardar la suya ofrecí.
    (Pausa.)
Nunca vi tanta destreza 1220
en las armas, y jamás
otra persona de más
arrogancia y gentileza.
Pero es hombre singular,
y en el corto tiempo que 1225
le trato, rasgos noté
que son dignos de extrañar.
    (Pausa.)
¿Y de Calatrava el nombre
por qué así le horrorizó
cuando pronunciarlo oyó?... 1230
¿Qué hallará en él que le asombre?
¡Sabrá que está deshonrado!...
Será un hidalgo andaluz...
¡Cielos!... ¡Qué rayo de luz
sobre mí habéis derramado 1235
en este momento!... Sí.
¿Podrá ser éste el traidor,
de mi sangre deshonor,
el que a buscar vine aquí?
    (Furioso y empuñando la espada.)
¿Y aún respira?... No, ahora mismo 1240
a mis manos...
    (Corre hacia la alcoba y se detiene.)

¿Dónde estoy?..
¿Ciego a despeñarme voy
de la infamia en el abismo?
¿A quien mi vida salvó,
y que moribundo está,   1245
matar inerme podrá
un caballero cual yo?

(Pausa.)

¿No puede falsa salir
mi sospecha?... Sí... ¡Quién sabe!
Pero, ¡cielos!, esta llave   1250
todo me lo va a decir.

*(Se acerca a la maleta, la abre precipitado
y saca la caja, poniéndola sobre la mesa.)*

Salid, caja misteriosa,
del destino urna fatal,
a quien con sudor mortal
toca mi mano medrosa;   1255
me impide abrirte el temblor
que me causa el recelar
si en tu centro voy hallar
los pedazos de mi honor.

(Resuelto y abriendo.)

Mas no, que en ti mi esperanza,   1260
la luz que me da el destino,
está para hallar camino
que me lleve a la venganza.

(Abre y saca un legajo sellado.)

Ya el legajo tengo aquí.
¿Qué tardo el sello en romper?...   1265

(Se contiene.)

¡Oh cielos! ¿Qué voy a hacer?
¿Y la palabra que di?
Mas si la suerte me da
tan inesperado medio
de dar a mi honor remedio,   1270
el perderlo ¿qué será?
Si a Italia sólo he venido
a buscar al matador

de mi padre y de mi honor,
con mi nombre y porte fingido, 1275
¿qué importa que el pliego abra,
si lo que vine a buscar
a Italia, voy a encontrar?...
Pero, no; di mi palabra.
Nadie, nadie aquí lo ve... 1280
¡Cielos, lo estoy viendo yo!
Mas si él mi vida salvó,
también la suya salvé.
Y si es el infame indiano,
el seductor asesino, 1285
¿no es bueno cualquier camino
por donde venga a mi mano?
Rompo esta cubierta, sí,
pues nadie lo ha de saber...
Mas ¡cielos!, ¿qué voy a hacer? 1290
¿Y la palabra que di?
(Suelta el legajo.)
No, jamás. ¡Cuán fácilmente
nos pinta nuestra pasión
una infame y vil acción
como acción indiferente! 1295
A Italia vine anhelando
mi honor manchado lavar,
¿Y mi empresa ha de empezar
el honor amancillando?
Queda, ¡oh secreto!, escondido, 1300
si en este legajo estás,
que un medio infame, jamás
lo usa el hombre bien nacido.
(Registrando la maleta.)
Si encontrar aquí pudiera
algún otro abierto indicio 1305
que, sin hacer perjuicio
a mi opinión, me advirtiera...
(Sorprendido.)
¡Cielos!... Lo hay... Esta cajilla,
(Saca una cajita como de retrato.)

que algún retrato contiene.
  (Reconociéndola.)
Ni sello ni sobre tiene,   1310
tiene sólo una aldabilla.
Hasta sin ser indiscreto
reconocerla me es dado;
nada de ella me han hablado,
ni rompo ningún secreto.   1315
Ábrola, pues, en buen hora,
aunque un basilisco vea,
aunque para el mundo sea
caja fatal de Pandora[58].
  (La abre, y exclama muy agitado:)
¡Cielos!... No..., no me engañé: 1320
Ésta es mi hermana Leonor...
¿Para qué prueba mayor?...
Con la más clara encontré.
Ya está todo averiguado:
Don Álvaro es el herido.   1325
Brújula el retrato ha sido
que mi norte me ha marcado.
¿Y a la infame... me atribulo,
con él en Italia tiene?...
Descubrirlo me conviene   1330
con astucia y disimulo.
¡Cuán feliz será mi suerte
si la venganza y castigo
sólo de un golpe consigo,
a los dos dando la muerte!...   1335
Mas..., ¡ah!..., no me precipite
mi honra, ¡cielos!, ofendida.
Guardad a ese hombre la vida
para que yo se la quite.
  (Vuelve a colocar los papeles y el retrato en la ma-
leta. Se oye ruido, y queda suspenso.)

---

[58] *Pandora*, según la mitología griega, fue la primera mujer del mundo y
bajó del Olimpo celeste con una caja donde se contenían todos los males
y desgracias (Hesiodo, *Los trabajos y los días,* 90-100).

ESCENA IX

El Cirujano, *que sale muy contento.*

Cirujano

Albricias pediros quiero: 1340
Ya le he sacado la bala.
(Se la enseña.)
Y no es la herida tan mala
cual me pareció primero.

Don Carlos *(Le abraza fuera de sí.)*

¿De veras?... Feliz me hacéis;
por ver bueno al capitán   1345
tengo, amigo, más afán
del que imaginar podéis.

Jornada cuarta

La escena es en Veletri

ESCENA PRIMERA

El teatro representa una sala corta, de alojamiento militar.
DON ÁLVARO *y* DON CARLOS.

DON CARLOS

Hoy, que vuestra cuarentena
dichosamente cumplís,
¿de salud cómo os sentís?   1350
¿Es completamente buena?...
¿Reliquia alguna notáis
de haber tanto padecido?
¿Del todo restablecido
y listo y fuerte os halláis?   1355

DON ÁLVARO

Estoy como si tal cosa;
nunca tuve más salud,
y a vuestra solicitud
debo mi cura asombrosa.
Sois excelente enfermero;   1360
ni una madre por un hijo   *Irónico*
muestra un afán más prolijo,
tan gran cuidado y esmero.

En extremo interesante
me era la vida salvaros.   1365

Don Álvaro

¿Y con qué, amigo, pagaros
podré interés semejante?
Y aunque gran mal me habéis hecho
en salvar mi amarga vida,
será eterna y sin medida   1370
la gratitud de mi pecho.

Don Carlos

¿Y estáis tan repuesto y fuerte
que sin ventaja pudiera
un enemigo cualquiera...?

Don Álvaro

Estoy, amigo, de suerte   1375
que en casa del coronel
he estado ya a presentarme,
y de alta acabo de darme
ahora mismo en el cuartel.

Don Carlos

¿De veras?

Don Álvaro

¿Os enojáis   1380
porque ayer no os dije acaso
que iba hoy a dar este paso?
Como tanto me cuidáis,
que os opusierais temí,
y estando sano en verdad,   1385

vivir en la ociosidad
no era honroso para mí.

¿Conque ya no os duele nada,
ni hay asomo de flaqueza
en el pecho, en la cabeza,   1390
ni en el brazo de la espada?

Don Álvaro

No... Pero parece que
algo, amigo, os atormenta
y que acaso os descontenta
el que yo tan bueno esté.   1395

Don Carlos

¡Al contrario!... Al veros bueno,
capaz de entrar en acción,
palpita mi corazón
del placer más alto lleno.
Solamente no quisiera   1400
que os engañara el valor,
y que el personal vigor
en una ocasión cualquiera...

Don Álvaro

¿Queréis pruebas?

Don Carlos *(Con vehemencia.)*

Las deseo.

Don Álvaro

A la descubierta vamos   1405
de mañana, y enredemos
un rato de tiroteo.

Don Carlos

La prueba se puede hacer,
pues que estáis fuerte, sin ir
tan lejos a combatir   1410
que no hay tiempo que perder.

Don Álvaro *(Confuso.)*

No os entiendo...

Don Carlos

                          ¿No tendréis,
sin ir a los imperiales,
enemigos personales
con quien[59] probaros podréis?   1415

Don Álvaro

¿A quién le faltan?..., mas no
lo que me decís comprendo.

Don Carlos

Os lo está a voces diciendo
mas la conciencia que yo.
Disimular fuera en vano...   1420
Vuestra turbación es harta...
¿Habéis recibido carta
de don Álvaro el indiano?

Don Álvaro *(Fuera de sí.)*

¡Ah traidor!... ¡Ah fementido!...
Violaste, infame, un secreto,   1425

---

[59] *quien* con antecedente en plural; véase la nota 41.

que yo débil, yo indiscreto,
moribundo... inadvertido...

DON CARLOS

¿Qué osáis pensar?... Respeté
vuestros papeles sellados,
que los que nacen honrados 1430
se portan cual me porté.
El retrato de la infame
vuestra cómplice os perdió,
y sin lengua me pidió
que el suyo y mi honor reclame. 1435
Don Carlos de Vargas soy,
que por vuestro crimen es
de Calatrava marqués;
temblad, que ante vos estoy.

DON ÁLVARO

No sé temblar... Sorprendido, 1440
sí, me tenéis...

DON CARLOS

No lo extraño.

DON ÁLVARO

Y usurpar con un engaño
mi amistad, ¿honrado ha sido?
¡Señor marqués!

DON CARLOS

De esa suerte
no me permito llamar, 1445
que sólo he de titular
después de daros la muerte.

DON ÁLVARO

Aconteceros pudiera
sin el título morir.

DON CARLOS

Vamos pronto a combatir,   1450
quedemos o dentro o fuera.
Vamos donde mi furor...

DON ÁLVARO

Vamos, pues, señor don Carlos,
que si nunca fui a buscarlos,
no evito lances de honor.   1455
Mas esperad, que en el alma
del que goza de hidalguía
no es furia la valentía,
y ésta obra siempre con calma.
Sabéis que busco la muerte,   1460
que los riesgos solicito,
pero con vos necesito
comportarme de otra suerte,
y explicaros...

DON CARLOS

        Es perder
tiempo toda explicación.   1465

DON ÁLVARO

No os neguéis a la razón,
que suele funesto ser.
Pues trataron las estrellas
por raros modos de hacernos
amigos, ¿a qué oponernos   1470

a lo que buscaron ellas?
Si nos quisieron unir
de mutuos y altos servicios
con los vínculos propicios,
no fue, no, para reñir.   1475
Tal vez fue para enmendar
la desgracia inevitable
de que no fui yo culpable.

DON CARLOS

¿Y me la osáis recordar?

DON ÁLVARO

¿Teméis que vuestro valor   1480
se disminuya y se asombre
si halla en su contrario un hombre
de nobleza y pundonor?

DON CARLOS

¡Nobleza un aventurero!
¡Honor un desconocido!   1485
¡Sin padre, sin apellido,
advenedizo, altanero!

DON ÁLVARO

¡Ay, que ese error a la muerte,
por más que lo evité yo,
a vuestro padre arrastró!...   1490
No corráis la misma suerte.
Y que infundados agravios
e insultos no ofenden, muestra
el que está ociosa mi diestra
sin arrancaros los labios.   1495
Si un secreto misterioso

romper hubiera podido,
¡Oh..., cuán diferente sido...![60].

DON CARLOS

Guardadlo; no soy curioso;
que sólo anhelo venganza   1500
y sangre.

DON ÁLVARO

¿Sangre?... La habrá.

DON CARLOS

Salgamos al campo ya.

DON ÁLVARO

Salgamos sin más tardanza.
  (Deteniéndose.)
Mas, don Carlos... ¡Ah! ¿Podréis
sospecharme con razón   1505
de falta de corazón?
No, no, que me conocéis.
Si el orgullo, principal
y tan poderoso agente
en las acciones del ente,   1510
que se dice racional,
satisfecho tengo ahora,
esfuerzos no he de omitir
hasta aplacar conseguir
ese furor que os devora,   1515
pues mucho repugno yo
el desnudar el acero
con el hombre que primero
dulce amistad me inspiró.

---

[60] Entiéndase una elipsis de *hubiera*.

Yo a vuestro padre no herí;   1520
le hirió sólo su destino.
Y yo, a aquel ángel divino
ni seduje ni perdí.
Ambos nos están mirando
desde el cielo; mi inocencia   1525
ven, esa ciega demencia
que os agita, condenando.

DON CARLOS *(Turbado.)*

Pues que, ¿mi hermana...? ¿Leonor?
(Que con vos aquí no está
lo tengo aclarado ya.)   1530
Mas, ¿cuándo ha muerto? ¡Oh furor!

DON ÁLVARO

Aquella noche terrible,
llevándola yo a un convento,
exánime y sin aliento,
se trabó un combate horrible   1535
al salir del olivar
entre mis fieles criados
y los vuestros, irritados,
y no la pude salvar.
Con tres heridas caí,   1540
y un negro, de puro fiel
(fidelidad bien cruel),
veloz me arrancó de allí,
falto de sangre y sentido;
tuve en Gelves[61] larga cura,   1545

---

[61] *Gelves:* «villa con ayuntamiento en la provincia, partido judicial, audiencia y diócesis de Sevilla (1 legua). Situada en forma de anfiteatro a la falda de un cerro que dista 200 varas del Guadalquivir, cuya vista con los vapores y barcos que continuamente le surcan, la de Sevilla, Carmona y otros pueblos con sus risueñas vegas y fértiles huertas llenas de naranjos y otros árboles, ofrece un espectáculo tan halagüeño como sorprendente...» (Madoz, *Diccionario geográfico,* Madrid, 1847, tomo VIII, pág. 343). La mención de Gelves nos trae a la memoria los lugares geográficos de la jornada 1.ª, todos ellos próximos a Sevilla.

con accesos de locura,
y apenas restablecido,
ansioso empecé a indagar
de mi único bien la suerte,
y supe, ¡ay Dios!, que la muerte   1550
en el oscuro olivar...

DON CARLOS *(Resuelto.)*

¡Basta, imprudente impostor!
¿Y os preciáis de caballero?...
¿Con embrollo tan grosero
queréis calmar mi furor?   1555
Deponed tan necio engaño:
después del funesto día,
en Córdoba, con su tía,
mi hermana ha vivido un año.
Dos meses ha que fui yo   1560
a buscarla, y no la hallé,
pero de cierto indagué
que al verme llegar huyó.
Y el perseguirla he dejado,
porque sabiendo yo allí   1565
que vos estábais aquí,
me llamó mayor cuidado.

DON ÁLVARO *(Muy conmovido.)*

¡Don Carlos!... ¡Señor!... ¡Amigo!...
¡Don Félix!... ¡Ah, tolerad
que el nombre que en amistad   1570
tan tierna os unió conmigo
use en esta situación!
Don Félix, soy inocente;
bien lo podéis ver patente
en mi nueva agitación.   1575
¡Don Félix!... ¡Don Félix!... ¡Ah!...
¿Vive?... ¿Vive?... ¡Oh justo Dios!

DON CARLOS

Vive. ¿Y qué os importa a vos?
Muy pronto no vivirá.

DON ÁLVARO

Don Félix, mi amigo, sí.   1580
Pues que vive vuestra hermana,
la satisfacción es llana
que debéis tomar de mí.
A buscarla juntos vamos;
muy pronto la encontraremos,   1585
y en santo nudo estrechemos
la amistad que nos juramos.
¡Oh!... Yo os ofrezco, yo os juro
que no os arrepentiréis
cuando a conocer lleguéis   1590
mi origen excelso y puro.
Al primer grande español
no le cedo en jerarquía:
es más alta mi hidalguía
que el trono del mismo sol.   1595

DON CARLOS

¿Estáis, don Álvaro, loco?
¿Qué es lo que pensar osáis?
¿Qué proyectos abrigáis?
¿Me tenéis a mí en tan poco?
Ruge entre los dos un mar   1600
de sangre... ¿Yo al matador
de mi padre y de mi honor
pudiera hermano llamar?
¡Oh afrenta! Aunque fuerais rey.
Ni la infame ha de vivir.   1605
No, tras de vos va a morir,
que es de mi venganza ley.
Si a mí vos no me matáis

al punto la buscaré,
y la misma espada que   1610
con vuestra sangre tiñáis,
en su corazón...

DON ÁLVARO

                    Callad,
callad... ¿Delante de mí
osasteis?...

DON CARLOS

                    Lo juro, sí;
lo juro...

DON ÁLVARO

                    ¿El qué?... Continuad.   1615

DON CARLOS

La muerte de la malvada
en cuanto acabe con vos.

DON ÁLVARO

Pues no será, ¡vive Dios!,
que tengo brazo y espada.
Vamos... Libertarla anhelo   1620
de su verdugo. Salid.

DON CARLOS

A vuestra tumba venid.

DON ÁLVARO

Demandad perdón al cielo.

ESCENA II

El teatro representa la plaza principal de Veletri; a un lado y otro se ven tiendas y cafés; en medio, puestos de frutas y verduras; al fondo, la guardia del Principal, y el centinela paseándose delante del armero; los oficiales, en grupos a una parte y otra, y la gente del pueblo, cruzando en todas direcciones. El TENIENTE, SUBTENIENTE *y* PEDRAZA *se reunirán a un lado de la escena, mientras los* OFICIALES *primero, segundo, tercero y cuarto hablan entre sí, después de leer un edicto que está fijado en una esquina y que llama la atención de todos.*

OFICIAL PRIMERO.—El rey Carlos de Nápoles no se chancea; pena de muerte nada menos.

OFICIAL SEGUNDO.—¿Cómo pena de muerte?

OFICIAL TERCERO.—Hablamos de la ley que se acaba de publicar, y que allí está para que nadie la ignore, sobre desafíos.

OFICIAL SEGUNDO.—Ya; ciertamente, es un poco dura.

OFICIAL TERCERO.—Yo no sé cómo un rey tan valiente y joven puede ser tan severo contra los lances de honor.

OFICIAL PRIMERO.—Amigo, es que cada uno arrima el ascua a su sardina, y como siempre los desafíos suelen ser entre españoles y napolitanos, y éstos llevan lo peor, el rey, que al cabo es rey de Nápoles...

OFICIAL SEGUNDO.—No; ésas son fanfarronadas, pues hasta ahora no han llevado siempre lo peor los napolitanos; acordaos del mayor Caraciolo, que despabiló a dos oficiales.

TODOS.—Eso fue una casualidad.

OFICIAL PRIMERO.—Lo cierto es que la ley es dura: pena de muerte por batirse; pena de muerte por ser padrino, pena de muerte por llevar cartas; qué sé yo. Pues el primero que caiga...

OFICIAL SEGUNDO.—No, no es tan rigurosa.

OFICIAL PRIMERO.—¿Cómo no? Vean ustedes. Leamos otra vez. *(Se acercan a leer el edicto y se adelantan en la escena los otros.)*

147

SUBTENIENTE.—¡Hermoso día!

TENIENTE.—Hermosísimo. Pero pica mucho el sol.

PEDRAZA.—Buen tiempo para hacer la guerra.

TENIENTE.—Mejor es para los heridos convalecientes. Yo me siento hoy enteramente bueno de mi brazo.

SUBTENIENTE.—También parece que el valiente capitán de granaderos del Rey está enteramente restablecido. ¡Bien pronto se ha curado!

PEDRAZA.—¿Se ha dado ya de alta?

TENIENTE.—Sí; esta mañana. Está como si tal cosa; un poco pálido, pero fuerte. Hace un rato que lo encontré; iba como hacia la Alameda a dar un paseo con su amigote el ayudante don Félix de Avendaña.

SUBTENIENTE.—Bien puede estarle agradecido, pues además de haberlo sacado del campo de batalla le ha salvado la vida con su prolija y esmerada asistencia.

TENIENTE.—También puede dar gracias a la habilidad del doctor Pérez, que se ha acreditado de ser el mejor cirujano del ejército.

SUBTENIENTE.—Y no lo perderá, pues, según dice, el ayudante, que es muy rico y generoso, le va a hacer un gran regalo.

PEDRAZA.—Bien puede, pues, según me ha dicho un sargento de mi compañía, andaluz, el tal don Félix está aquí con nombre supuesto, y es un marqués riquísimo de Sevilla.

TODOS.—¿De veras? *(Se oye ruido y se arremolinan todos, mirando hacia el mismo lado.)*

TENIENTE.—¡Hola! ¿Qué alboroto es aquél?

SUBTENIENTE.— Veamos... Sin duda, algún preso. Pero, ¡Dios mío!, ¿qué veo?

PEDRAZA.—¿Qué es aquello?

TENIENTE.—¿Estoy soñando?... ¿No es el capitán de granaderos del Rey el que traen preso?

TODOS.—No hay duda, es el valiente don Fadrique. *(Se agrupan todos sobre el primer bastidor de la derecha, por donde sale el capitán preboste y cuatro granaderos, y en medio de ellos, preso, sin espada ni sombrero, DON ÁLVARO; y atravesando la escena, seguidos por la multitud, entran en el cuerpo de guardia, que está al fondo; mientras tanto se desembaraza el teatro.— Todos vuelven a la escena, menos PEDRAZA, que entra en el cuerpo de guardia.)*

TENIENTE.—Pero, señor, ¿qué será esto? ¿Preso el milita
valiente, más exacto que tiene el ejército?

SUBTENIENTE.—Ciertamente, es cosa muy rara.

TENIENTE.—Vamos a averiguar...

SUBTENIENTE.—Ya viene aquí Pedraza, que sale del cuerpo
de guardia, y sabrá algo. Hola, Pedraza, ¿qué ha sido?

PEDRAZA.—*(Señalando al edicto, y se reúne más gente a los cuatro
oficiales.)* Muy mala causa tiene. Desafío... El primero que
quebranta la ley; desafío y muerte.

TODOS.—¡Cómo! ¿Y con quién?

PEDRAZA.—¡Caso extrañísimo! El desafío ha sido con el teniente coronel Avendaña.

TODOS.—¡Imposible!... ¡Con su amigo!

PEDRAZA.—Muerto le deja de una estocada ahí detrás del
cuartel.

TODOS.—¡Muerto!

PEDRAZA.—Muerto.

OFICIAL PRIMERO.—Me alegro, que era un botarate.

OFICIAL SEGUNDO.—Un insultante.

TENIENTE.—¡Pues señores, la ha hecho buena! Mucho me
temo que va a estrenar aquella ley.

TODOS.—¡Qué horror!

SUBTENIENTE.—Será una atrocidad. Debe haber alguna excepción a favor de oficial tan valiente y benemérito.

PEDRAZA.—Sí, ya está fresco.

TENIENTE.—El capitán Herreros es, con razón, el ídolo del
ejército. Y yo creo que el general y el coronel y los jefes todos, tanto españoles como napolitanos, hablarán al rey..., y
tal vez...

SUBTENIENTE.—El rey Carlos es tan testarudo..., y como éste
es el primer caso que ocurre, el mismo día que se ha publicado la ley... No hay esperanza. Esta noche mismo se jun-
tará el Consejo de guerra, y antes de tres días le arcabu-
cean... Pero ¿sobre qué habrá sido el lance?

PEDRAZA.—Yo no sé; nada me han dicho. Lo que es el capitán tiene malas pulgas y su amigote era un poco caliente de
lengua.

OFICIALES PRIMERO Y CUARTO.—Era un charlatán, un fan-
farrón.

SUBTENIENTE.—En el café han entrado algunos oficiales del
regimiento del Rey; sabrán, sin duda, todo el lance. Vamos
a hablar con ellos.
TODOS.—Sí, vamos.

ESCENA III

*El teatro representa el cuarto de un oficial de guardia; se verán a un
lado el tabladillo y el colchón, y en medio habrá una mesa y sillas
de paja. Entran en la escena* DON ÁLVARO *y* EL CAPITÁN.

CAPITÁN

Como la mayor desgracia
juzgo, amigo y compañero,   1625
el estar hoy de servicio
para ser alcaide vuestro.
Resignación, don Fadrique;
tomad una silla os ruego.
    (Se sienta DON ÁLVARO.*)*
Y mientras yo esté de guardia   1630
no miréis este aposento
como prisión... Mas es fuerza,
pues orden precisa tengo,
que dos centinelas ponga
de vista...

DON ÁLVARO

            Yo os agradezco,   1635
señor, tal cortesanía.
Cumplid, cumplid al momento
con lo que os tienen mandado,
y los centinelas luego[62]

---

[62] *luego*, 'en seguida, al punto, inmediatamente', sentido clásico de la palabra.

poned... Aunque más seguro   1640
que de hombres y armas en medio
está el oficial de honor
bajo su palabra... ¡Oh cielos!
   (Coloca el CAPITÁN *dos centinelas; un soldado
entra luces, y se sientan El* CAPITÁN *y* DON ÁLVA-
RO *junto a la mesa.)*
Y en Veletri, ¿qué se dice?
¿Mil necedades diversas   1645
se esparcirán, procurando
explicar mi suerte adversa?

CAPITÁN

En Veletri, ciertamente,
no se habla de otra materia.
Y aunque de aquí separarme   1650
no puedo, como está llena
toda la plaza de gente,
que gran interés demuestra
por vos, a algunos he hablado...

DON ÁLVARO

Y bien, ¿qué dicen? ¿Qué piensan?   1655

CAPITÁN

La amistad íntima todos,
que os enlazaba, recuerdan,
con don Félix... Y las causas
que la hicieron tan estrecha,
y todos dicen...

DON ÁLVARO

       Entiendo.   1660
Que soy un monstruo, una fiera,

que a la obligación más santa
he faltado. Que mi ciega
furia ha dado muerte a un hombre,
a cuyo arrojo y nobleza   1665
debí la vida en el campo,
y a cuya nimia asistencia
y esmero debí mi cura
dentro de su casa mesma.
Al que como tierno hermano...   1670
¡Como hermano! ¡Suerte horrenda!
¿Cómo hermano?... ¡Debió serlo!
Yace convertido en tierra
por no serlo... ¡Y yo respiro!
¿Y aún el suelo me sustenta?...   1675
¡Ay! ¡Ay de mí!
*(Se da una palmada en la frente y queda en la mayor
agitación.)*

CAPITÁN

            Perdonadme,
si con mis noticias necias...

DON ÁLVARO

Yo lo amaba... ¡Ah, cuál me aprieta
el corazón una mano
de hierro ardiente! La fuerza   1680
me falta... ¡Oh Dios! ¡Qué bizarro,
con qué noble gentileza,
entre un diluvio de balas
se arrojó, viéndome en tierra,
a salvarme de la muerte!   1685
¡Con cuánto afán y terneza
pasó las noches y días
sentado a mi cabecera!
      (Pausa.)

Anuló, sin duda, tales
servicios con un agravio.   1690
Diz que era un poco altanero,
picajoso, temerario,
y un hombre cual vos...

DON ÁLVARO

                                No, amigo;
cuanto de él se diga es falso.
Era un digno caballero,   1695
de pensamientos muy altos.
Retóme con razón harta,
y yo también le he matado
con razón. Sí, si aún viviera,
fuéramos de nuevo al campo,   1700
él a procurar mi muerte,
yo a esforzarme por matarlo.
O él o yo sólo en el mundo,
pero imposible en él ambos.

CAPITÁN

Calmaos, señor don Fadrique;   1705
aún no estáis del todo bueno
de vuestras nobles heridas,
y que os pongáis malo temo.

DON ÁLVARO

¿Por qué no quedé en el campo
de batalla como bueno?   1710
Con honra, acabado hubiera,
y ahora, ¡oh Dios!, la muerte anhelo,
y la tendré..., pero ¿cómo?
En un patíbulo horrendo,
por infractor de las leyes,   1715
de horror o de burla objeto.

¿Qué decís?... No hemos llegado,
señor, a tan duro extremo;
aún puede haber circunstancias
que justifiquen el duelo, 1720
y entonces...

DON ÁLVARO

       No, no hay ninguna.
Soy homicida, soy reo.

CAPITÁN

Mas, según tengo entendido
(ahora de mi regimiento
me lo ha dicho el ayudante), 1725
los generales, de acuerdo
con todos los coroneles,
han ido sin perder tiempo
a echarse a los pies del rey,
que es benigno, aunque severo, 1730
para pedirle...

DON ÁLVARO *(Conmovido.)*

       ¿De veras?
Con el alma lo agradezco,
y el interés de los jefes
me honra y me confunde a un tiempo.
Pero ¿por qué han de empeñarse 1735
militares tan excelsos
en que una excepción se haga
a mi favor de un decreto
sabio, de una ley tan justa,
a que yo falté el primero? 1740
Sirva mi pronto castigo
para saludable ejemplo.

¡Muerte es mi destino, muerte,
porque la muerte merezco,
porque es para mi la vida   1745
aborrecible tormento!
Mas, ¡ay de mí, sin ventura!,
¿cuál es la muerte que espero?
La del criminal, sin honra,
¡¡en un patíbulo!! ¡¡Cielos!!   1750
    (Se oye un redoble.)

ESCENA IV

Los Mismos *y el* Sargento

Sargento

Mi capitán...

Capitán

¿Qué se ofrece?

Sargento

El mayor...

Capitán

Voy al momento.
(Vase.)

ESCENA V

Don Álvaro

¡Leonor! ¡Leonor! Si existes, desdichada,
¡oh, qué golpe te espera

cuando la nueva fiera   1755
te llegue adonde vives retirada,
de que la misma mano, la mano,
¡ay triste!, mía,
que te privó de padre y de alegría,
¡acaba de privarte de un hermano!   1760
No; te ha librado, sí, de un enemigo,
de un verdugo feroz que por castigo
de que diste en tu pecho
acogida a mi amor, verlo deshecho,
y roto, y palpitante,   1765
preparaba anhelante,
y con su brazo mismo,
de su venganza hundirte en el abismo.
¡Respira, sí, respira,
que libre estás de su tremenda ira!   1770
  (Pausa.)
¡Ay de mí! Tú vivías,
y yo, lejos de ti, muerte buscaba,
y sin remedio las desgracias mías
despechado juzgaba;
mas tú vives, ¡mi cielo!,   1775
y aún aguardo un instante de consuelo.
¿Y qué espero? ¡Infeliz! De sangre un río
que yo no derramé, serpenteaba
entre los dos; mas ahora el brazo mío
en mar inmenso de tornarlo acaba[63].   1780
¡Hora de maldición, aciaga hora
fue aquella en que te vi la vez primera
en el soberbio templo de Sevilla,
como un ángel bajado de la esfera
en donde el trono del Eterno brilla!   1785
¡Qué porvenir dichoso
vio mi imaginación por un momento,
que huyó tan presuroso

---

[63] Los versos 1777-1780 contienen dos buenos ejemplos de hipérboles románticas.

como al soplar de repentino viento
las torres de oro, y montes argentinos   1790
y colosos y fúlgidos follajes
que forman los celajes
en otoño a los rayos matutinos!
    (Pausa.)
¡Mas en qué espacio vago, en qué regiones
fantásticas! ¿Qué espero?   1795
¡Dentro de breves horas,
lejos de las mundanas afecciones,
vanas y engañadoras,
iré de Dios al tribunal severo!
    (Pausa.)
¿Y mis padres?... Mis padres desdichados   1800
aún yacen encerrados
en la prisión horrenda de un castillo...
Cuando con mis hazañas y proezas
pensaba restaurar su nombre y brillo
y rescatar sus míseras cabezas,   1805
no me espera más suerte
que, como criminal, infame muerte.
    (Queda sumergido en el despecho.)

ESCENA VI

DON ÁLVARO *y el* CAPITÁN

CAPITÁN

¡Hola, amigo y compañero!...

DON ÁLVARO

¿Vais a darme alguna nueva?
¿Para cuándo convocado   1810
está el Consejo de guerra?

CAPITÁN

Dicen que esta noche misma
debe reunirse a gran priesa...
De hierro, de hierro tiene
el rey Carlos la cabeza.   1815

DON ÁLVARO

¡Es un valiente soldado!
¡Es un gran rey!

CAPITÁN

                    Mas pudiera
no ser tan tenaz y duro,
pues nadie, nadie lo apea
en diciendo no.

DON ÁLVARO

                    En los reyes,   1820
la debilidad es mengua.

CAPITÁN

Los jefes y generales
que hoy en Veletri se encuentran
han estado en cuerpo a verle
y a rogarle suspendiera   1825
la ley en favor de un hombre
que tantos méritos cuenta...
Y todo sin fruto. Carlos,
aún más duro que una peña,
ha dicho que no, resuelto,   1830
a que la ley se obedezca,
mandando que en esta noche
falle el Consejo de guerra.
Mas aún quedan esperanzas:
puede ser que el fallo sea...   1835

Según la ley. No hay remedio;
injusta otra cosa fuera.

CAPITÁN

Pero ¡qué pena tan dura,
tan extraña, tan violenta!...

DON ÁLVARO

La muerte, como cristiano   1840
la sufriré; no me aterra.
Dármela Dios no ha querido,
con honra y con fama eterna,
en el campo de batalla
y me la da con afrenta   1845
en un patíbulo infame...
Humilde la aguardo... Venga.

CAPITÁN

No será acaso... Aún veremos...
Puede que se arme una gresca...
El ejército os adora...   1850
Su agitación es extrema,
y tal vez un alboroto...

DON ÁLVARO

¡Basta!... ¿Qué decís? ¿Tal piensa
quien de militar blasona?
¿El ejército pudiera   1855
faltar a la disciplina,
ni yo deber mi cabeza
a una rebelión?... No; nunca;
que jamás, jamás suceda
tal desorden por mi causa.   1860

¡La ley es atroz, horrenda!

DON ÁLVARO

Yo la tengo por muy justa;
forzoso remediar era
un abuso...
(Se oye un tambor y dos tiros.)

CAPITÁN

¿Qué?

DON ÁLVARO

¿Escuchasteis?

CAPITÁN

El desorden ya comienza.   1865
    *(Se oye un gran ruido, tiros, confusión y
    cañonazos, que van en aumento basta el
    fin del acto.)*

ESCENA VII

Los MISMOS *y el* SARGENTO, *que entra muy presuroso*

SARGENTO.— ¡Los alemanes! ¡Los enemigos están en Veletri!
¡Estamos sorprendidos!
VOCES DENTRO.— ¡A las armas! ¡A las armas! *(Sale el oficial un
instante, se aumenta el ruido, y vuelve con la espada desnuda.)*
CAPITÁN.— Don Fadrique, escapad; no puedo guardar más
vuestra persona; andan los nuestros y los imperiales mez-
clados por las calles; arde el palacio del rey; hay una confusión espantosa; tomad vuestro partido. Vamos, hijos, a

abrirnos paso como valientes o a morir como españoles.
(Vanse el CAPITÁN, *los centinelas y el* SARGENTO.)*

ESCENA VIII

DON ÁLVARO

Denme una espada; volaré a la muerte
y si es vivir mi suerte,
y no la logro en tanto desconcierto,
yo os hago, eterno Dios, voto profundo
de renunciar al mundo   1870
y de acabar mi vida en un desierto.

Jornada quinta

La escena es en el convento de los Ángeles y sus alrededores

Doña Leonor = protegida

ESCENA PRIMERA

El teatro representa el interior del claustro bajo del convento de los Ángeles, que debe ser una galería mezquina, alrededor de un patiecillo con naranjos, adelfas y jazmines. A la izquierda se verá la portería; a la derecha, la escalera. Debe de ser decoración corta, para que detrás estén las otras por su orden. Aparecen el PADRE GUARDIÁN *paseándose gravemente por el proscenio y leyendo en su breviario; el* HERMANO MELITÓN, *sin manto, arremangado, y repartiendo con un cucharón, de un gran caldero, la sopa al* VIEJO, *al* COJO, *al* MANCO, *a la* MUJER *y al grupo de pobres que estará apiñado en la portería.*

HERMANO MELITÓN.—Vamos, silencio y orden, que no están en ningún figón.

MUJER.—Padre, ¡a mí, a mí!

VIEJO.—¿Cuántas raciones quiere, Marica?

COJO.—Ya le han dado tres, y no es regular...

HERMANO MELITÓN.—Callen y sean humildes, que me duele la cabeza.

MANCO.—Marica ha tomado tres raciones.

MUJER.—Y aún voy a tomar cuatro, que tengo seis chiquillos.

HERMANO MELITÓN.—¿Y por qué tiene seis chiquillos?... Sea su alma.

MUJER.—Porque me los ha dado Dios.

HERMANO MELITÓN.—Sí... Dios... Dios... No los tendría si se pasara las noches como yo, rezando el Rosario o dándose disciplina.

PADRE GUARDIÁN.—*(Con gravedad.)* ¡Hermano Melitón! ¡Hermano Melitón!... ¡Válgame Dios!

HERMANO MELITÓN.—Padre nuestro, si estos desesperados tienen una fecundidad que asombra...

COJO.—¡A mí, padre Melitón, que tengo ahí fuera a mi madre baldada!

HERMANO MELITÓN.—¡Hola!... ¿También ha venido hoy la bruja? Pues no nos falta nada.

PADRE GUARDIÁN.—¡Hermano Melitón!

MUJER.—Mis cuatro raciones.

MANCO.—A mí antes.

VIEJO.—A mí.

TODOS.—A mí, a mí...

HERMANO MELITÓN.—Váyanse noramala, y tengan modo... ¿A que les doy con el cucharón?

PADRE GUARDIÁN.—¡Caridad, hermano, caridad, que son hijos de Dios!

HERMANO MELITÓN.—*(Sofocado.)* Tomen, y váyanse...

MUJER.—Cuando nos daba la guiropa[64] el padre Rafael, lo hacía con más modo y con más temor de Dios.

HERMANO MELITÓN.—Pues llamen al padre Rafael... que no los pudo aguantar ni una semana.

VIEJO.—Hermano, ¿me quiere dar otro poco de bazofia?...

HERMANO MELITÓN.—¡Galopo![65]... ¿Bazofia llama a la gracia de Dios?...

PADRE GUARDIÁN.—Caridad y paciencia, hermano Melitón; harto trabajo tienen los pobrecitos.

HERMANO MELITÓN.—Quisiera yo ver a vuestra reverendísima lidiar con ellos un día y otro, y otro.

COJO.—El padre Rafael...

HERMANO MELITÓN.—No me jeringuen con el padre Rafael... y... tomen las arrebañaduras. *(Les reparte los restos del caldero y lo echa a rodar de una patada.)* Y a comerlo al sol.

---

[64] *guiropa,* 'guisado, sopa, rancho'.

[65] *galopo* y *galopín,* 'pícaro, desvergonzado, bribón'.

MUJER.—Si el padre Rafael quisiera bajar a decirle los Evangeleos a mi niño, que tiene sisiones[66]...

HERMANO MELITÓN.—Tráigalo mañana, cuando salga a decir misa el padre Rafael.

COJO.—Si el padre Rafael quisiera venir a la villa a curar a mi compañero, que se ha caído...

HERMANO MELITÓN.—Ahora no es hora de ir a hacer milagros; por la mañanita, por la mañanita, con la fresca.

MANCO.—Si el padre Rafael...

HERMANO MELITÓN.—*(Fuera de sí.)* Ea, ea, fuera... Al sol... ¡Cómo cunde la semilla de los perdidos! Horrio, ¡afuera! *(Los va echando con el cucharón y cierra la portería, volviendo luego muy sofocado y cansado donde está el* PADRE GUARDIÁN.*)*

ESCENA II

El PADRE GUARDIÁN *y el* HERMANO MELITÓN

HERMANO MELITÓN.—No hay paciencia que baste, padre nuestro...

PADRE GUARDIÁN.—Me parece, hermano Melitón, que no os ha dotado el Señor con gran cantidad de ella. Considere que en dar de comer a los pobres de Dios desempeña un ejercicio de que se honraría un ángel.

HERMANO MELITÓN.—Yo quisiera ver a un ángel en mi lugar siquiera tres días... Puede ser que de cada guantada...

PADRE GUARDIÁN.—No diga disparates.

HERMANO MELITÓN.—Pues si es verdad. Yo lo hago con mucho gusto, eso es otra cosa. Y bendito sea el Señor, que nos da bastante para que nuestras sobras sirvan de sustento a los pobres. Pero es preciso enseñarles los dientes. Viene entre ellos mucho pillo... Los que están tullidos y viejos vengan enhorabuena, y les daré hasta mi ración el día que no tenga mucha hambre; pero jastiales[67] que pueden derribar

---

[66] *sisiones* = ciciones (pronunciado con seseo andaluz), 'calenturas o fiebres tercianas'.

[67] *jastiales* = hastiales pronunciada con aspiración andaluza de la *h*, 'hombrones toscos, rústicos y groseros'.

a puñadas un castillo váyanse a trabajar. Y hay algunos tan insolentes... Hasta llaman bazofia a la gracia de Dios... Lo mismo que restregarme siempre por los hocicos al padre Rafael; toma si nos daba más, daca si tenía mejor modo, torna si era más caritativo, vuelta si no metía tanta prisa. Pues a fe a fe, que el bendito padre Rafael a los ocho días se hartó de pobres y de guiropa y se metió en su celda, y aquí quedó el hermano Melitón. Y, por cierto, no sé por qué esta canalla dice que tengo mal genio. Pues el padre Rafael también tiene su piedra en el rollo[68], y sus prontos, y sus ratos de murria, como cada cual.

PADRE GUARDIÁN.—Basta, hermano, basta. El padre Rafael no podía, teniendo que cuidar del altar y que asistir al coro, entender en el reparto de la limosna, ni éste ha sido nunca encargo de un religioso antiguo, sino incumbencia del portero... ¿Me entiende?... Y, hermano Melitón, tenga más humildad y no se ofenda cuando prefieran al padre Rafael, que es un siervo de Dios a quien todos debemos imitar.

HERMANO MELITÓN.—Yo no me ofendo de que prefieran al padre Rafael. Lo que digo es que tiene su genio. Y a mí me quiere mucho, padre nuestro, y echamos nuestras manos de conversación. Pero tiene de cuando en cuando unas salidas, y se da unas palmadas en la frente... y habla solo, y hace visajes como si viera algún espíritu.

PADRE GUARDIÁN.—Las penitencias, los ayunos...

HERMANO MELITÓN.—Tiene cosas muy raras. El otro día estaba cavando en la huerta, y tan pálido y tan desemejado[69], que le dije en broma: «Padre, parece un mulato», y me echó una mirada, y cerró el puño, y aun lo enarboló de modo que parecía que me iba a tragar. Pero se contuvo, se echó la capucha y desapareció; digo, se marchó de allí a buen paso.

PADRE GUARDIÁN.—Ya.

---

[68] *tiene su piedra en el rollo*, 'tiene su genio, un carácter muy especial'. La expresión *tener su piedra en el rollo* es explicada así por Covarrubias: «Es costumbre en las villas irse a sentar a las gradas del rollo a conversación, y los honrados tienen ya particular asiento, que ninguno se le quita, y vale tanto como ser hombre de honra» *(Tesoro de la lengua castellana o española*, 1611). *Rollo*, 'columna de piedra que era insignia de jurisdicción y servía muchas veces de picota'.

[69] *desemejado*, 'desfigurado, demudado'.

HERMANO MELITÓN.—Pues el día que fue a Hornachuelos a auxiliar al alcalde cuando estaba en toda su furia aquella tormenta en que nos cayó la centella sobre el campanario, al verlo yo salir sin cuidarse del aguacero ni de los truenos, que hacían temblar estas montañas, le dije por broma que parecía entre los riscos un indio bravo, y me dio un berrido que me aturuyó... Y como vino al convento de un modo tan raro, y nadie lo viene nunca a ver, ni sabemos dónde nació...

PADRE GUARDIÁN.—Hermano, no haga juicios temerarios. Nada tiene de particular eso, ni el modo con que vino a esta casa el padre Rafael es tan raro como dice. El padre limosnero, que venía de Palma, se lo encontró muy mal herido en los encinares de Escalona, junto al camino de Sevilla, víctima, sin duda, de los salteadores, que nunca faltan en semejante sitio, y lo trajo al convento, donde Dios, sin duda, le inspiró la vocación de tomar nuestro santo escapulario, como lo verificó en cuanto se vio restablecido, y pronto hará cuatro años. Esto no tiene nada de particular.

HERMANO MELITÓN.—Ya, eso sí... Pero, la verdad, siempre que lo miro me acuerdo de aquello que vuestra reverendísima nos ha contado muchas veces, y también se nos ha leído en el refectorio, de cuando se hizo fraile de nuestra Orden el demonio, y que estuvo allá en un convento algunos meses. Y se me ocurre si el padre Rafael será alguna cosa así..., pues tiene unos repentes, una fuerza y un mirar de ojos...

PADRE GUARDIÁN.—Es cierto, hermano mío; así consta en nuestras crónicas y está consignado en nuestros archivos... Pero, además de que rara vez se repiten tales milagros, entonces el guardián de aquel convento en que ocurrió el prodigio tuvo una revelación que le previno de todo. Y lo que es yo, hermano mío, no he tenido hasta ahora ninguna. Conque tranquilícese y no caiga en la tentación de sospechar del padre Rafael.

HERMANO MELITÓN.—Yo nada sospecho.

PADRE GUARDIÁN.—Le aseguro que no he tenido revelación.

HERMANO MELITÓN.—Ya; pues entonces... Pero tiene muchas rarezas el padre Rafael.

PADRE GUARDIÁN.—Los desengaños del mundo, las tribulaciones... Y luego, el retiro con que vive, las continuas penitencias... *(Suena la campanilla de la portería.)* Vaya a ver quién llama.

HERMANO MELITÓN.—¿A que son otra vez los pobres? Pues ya está limpio el caldero... *(Suena otra vez la campanilla.)* No hay más limosna; se acabó por hoy, se acabó... *(Suena otra vez la campanilla.)*

PADRE GUARDIÁN.—Abra, hermano, abra la puerta. *(Vase. Abre el lego la portería.)*

ESCENA III

El HERMANO MELITÓN *y* DON ALFONSO, *vestido de monte, que sale embozado.*

DON ALFONSO *(Con muy mal modo y sin desembozarse.)*

De esperar me he puesto cano
¿Sois vos, por dicha, el portero?

HERMANO MELITÓN *(Aparte.)*

Tonto es este caballero.
   (Alto.)
Pues que abrí la puerta, es llano   1875
y aunque de portero estoy,
no me busque las cosquillas
que padre de campanillas
con olor de santo soy.

DON ALFONSO

¿El padre Rafael está?   1880
Tengo que verme con él.

HERMANO MELITÓN *(Aparte.)*

¡Otro padre Rafael!
Amostazándome va.

Responda pronto.

Hermano Melitón *(Con miedo.)*

> Al momento.
> Padres Rafaeles... hay dos.   1885
> ¿Con cuál queréis hablar vos?

Don Alfonso *(Muy enfadado.)*

> Para mí, mas que haya ciento.
> El padre Rafael...

Hermano Melitón

> ¿El gordo?
> ¿El natural de Porcuna?[70].
> No os oirá cosa ninguna,   1890
> que es como una tapia sordo,
> y desde el pasado invierno
> en la cama está tullido;
> noventa años ha cumplido.
> El otro es...

Don Alfonso

> El del infierno.   1895

Hermano Melitón

> Pues ahora caigo en quién es:
> El alto, adusto, moreno,
> ojos vivos, rostro lleno...

---

[70] *Porcuna*, pueblo de la provincia de Jaén, aunque próximo ya a la de Córdoba.

Llevadme a su celda, pues.

HERMANO MELITÓN

Daréle aviso primero,   1900
porque si está en oración,
disturbarle no es razón...
Y... ¿quién diré...?

DON ALFONSO

Un caballero.

HERMANO MELITÓN
(Yéndose hacia la escalera muy lentamente, dice aparte.)

¡Caramba!... ¡Qué raro gesto!
Me da malísima espina   1905
y me huele a chamusquina...

DON ALFONSO *(Muy irritado.)*

¿Qué aguarda? Subamos presto.
*(El hermano se asusta y sube la escalera, y detrás
de él, don Alfonso.)*

ESCENA IV

*El teatro representa la celda de un franciscano. Una tarima con una
estera a un lado; un vasar con una jarra y vasos; un estante con libros; estampas, disciplinas y cilicios colgados. Una especie de orato-
rio pobre, y en su mesa, una calavera;* DON ÁLVARO, *vestido de
fraile franciscano, aparece de rodillas en profunda oración mental.*

HERMANO MELITÓN *(Dentro.)*

¡Padre! ¡Padre!

DON ÁLVARO *(Levantándose.)*

¿Qué se ofrece?
Entre, hermano Melitón.

HERMANO MELITÓN

Padre, aquí os busca un matón   1910
    (Entra.)
que muy ternejal parece.

DON ÁLVARO *(Receloso.)*

¿Quién, hermano? ¿A mí?... ¿Su nombre?...

HERMANO MELITÓN

Lo ignoro; muy altanero
dice que es un caballero,
y me parece un mal hombre.   1915
Él, muy bien portado, viene,
y en un andaluz rocín;
pero un genio muy ruin
y un tono muy duro tiene.

DON ÁLVARO

Entre al momento quien sea.   1920

HERMANO MELITÓN

No es un pecador contrito.
    (Aparte.)
Se quedará tamañito
al instante que lo vea.
    (Vase.)

ESCENA V

Don Álvaro

¿Quién podrá ser?... No lo acierto.
Nadie, en estos cuatro años,   1925
que huyendo de los engaños
del mundo, habito el desierto,
con este sayal cubierto,
ha mi quietud disturbado.
¿Y hoy un caballero osado   1930
a mi celda se aproxima?
¿Me traerá nuevas de Lima?
¡Santo Dios!... ¡Qué he recordado!

ESCENA VI

Don Álvaro y Don Alfonso, *que entra sin desembozarse, reconoce en un momento la celda, y luego cierra la puerta por dentro y echa el pestillo.*

Don Alfonso

¿Me conocéis?

Don Álvaro

No, señor.

Don Alfonso

¿No veis en mis ademanes   1935
rasgo alguno que os recuerde
de otro tiempo y de otros males?
¿No palpita vuestro pecho,
no se hiela vuestra sangre,
no se anonada y confunde   1940

vuestro corazón cobarde
con mi presencia?... O, por dicha,
¿es tan sincero, es tan grande,
tal vuestro arrepentimiento,
que ya no se acuerda el padre   1945
Rafael de aquel indiano
don Álvaro, del constante
azote de una familia
que tanto en el mundo vale?
¿Tembláis y bajáis los ojos?   1950
Alzadlos, pues, y miradme.
(Descubriéndose el rostro y mostrándoselo.)

DON ÁLVARO

¡Oh, Dios! ¡Qué veo!... ¡Dios mío!
¿Pueden mis ojos burlarme?
¡Del marqués de Calatrava
viendo estoy la viva imagen!   1955

DON ALFONSO

Basta, que está dicho todo.
De mi hermano y de mi padre
me está pidiendo venganza
en altas voces la sangre.
Cinco años ha que recorro,   1960
con dilatados viajes,
el mundo para buscaros,
y aunque ha sido todo en balde,
el cielo (que nunca impunes
deja las atrocidades   1965
de un monstruo, de un asesino,
de un seductor, de un infame),
por un imprevisto acaso
quiso por fin indicarme
el asilo donde a salvo   1970
de mi furor os juzgaste.
Fuera el mataros inerme

indigno de mi linaje.
Fuiste valiente; robusto
aún estáis para un combate;   1975
armas no tenéis, lo veo;
yo dos espadas iguales
traigo conmigo: son éstas.
   (Se desemboza y saca dos espadas.)
Elegid la que os agrade.

Don Álvaro *(Con gran calma, pero sin orgullo.)*

Entiendo, joven, entiendo   1980
sin que escucharos me pasme,
porque he vivido en el mundo
y apurado sus afanes.
De los vanos pensamientos
que en este punto en vos arden   1985
también el juguete he sido;
quiera el Señor perdonarme.
Víctima de mis pasiones,
conozco todo el alcance
de su influjo, y compadezco   1990
al mortal a quien combaten.
Mas ya sus borrascas miro,
como el náufrago que sale
por un milagro a la orilla,
y jamás torna a embarcarse.   1995
Este sayal que me viste
esta celda miserable,
este yermo, donde acaso
Dios por vuestro bien os trae,
desengaños os presentan,   2000
para calmaros, bastantes,
y más os responden mudos
que pueden labios mortales.
Aquí de mis muchas culpas,
que son, ¡ay de mí!, harto grandes,   2005
pido a Dios misericordia;
que la consiga dejadme.

¿Dejaros?... ¿Quién? ¿Yo dejaros
sin ver vuestra sangre impura
vertida por esta espada   2010
que arde en mi mano desnuda?
Pues esta celda, el desierto,
ese sayo, esa capucha,
ni a un vil hipócrita guardan
ni a un cobarde infame escudan.   2015

DON ÁLVARO *(Furioso.)*

¿Qué decís?... ¡Ah!...
    (Reportándose.)
                        ¡No, Dios mío!
En la garganta se anuda
mi lengua... ¡Señor..., esfuerzo
me dé vuestra santa ayuda!
    (Repuesto.)
Los insultos y amenazas   2020
que vuestros labios pronuncian
no tienen para conmigo
poder ni fuerza ninguna.
Antes, como caballero,
supe vengar las injurias;   2025
hoy, humilde religioso,
darles perdón y disculpa.
Pues veis cuál es ya mi estado,
y, si sois sagaz, la lucha
que conmigo estoy sufriendo,   2030
templan vuestra saña injusta.
Respetad este vestido,
compadeced mis angustias
y perdonad generoso
ofensas que están en duda.   2035
    (Con gran emoción.)
¡Sí, hermano, hermano!

           ¿Qué nombre
osáis pronunciar?...

DON ÁLVARO

         ¡Ah!...

DON ALFONSO

           Una
sola hermana me dejasteis
perdida y sin honra... ¡Oh furia!

DON ÁLVARO

¡Mi Leonor! ¡Ah! No sin honra:	2040
un religioso os lo jura.	
(En delirio.)	
Leonor... ¡ay!, ¡la que absorbía	
toda mi existencia junta!	
La que en mi pecho por siempre...	
Por siempre, sí, sí... que aún dura	2045
una pasión... Y qué, ¿vive?	
¿Sabéis vos noticias suyas?...	
Decid que me ama, y matadme.	
Decidme... ¡Oh Dios! ¿Me rehúsa	
(Aterrado.)	
vuestra gracia sus auxilios?	2050
¿De nuevo el triunfo asegura	
el infierno, y se desploma	
mi alma en su sima profunda?	
¡Misericordia!... Y vos, hombre	
o ilusión, ¿sois, por ventura,	2055
un tentador que renueva	
mis criminales angustias	
para perderme?... ¡Dios mío!	

DON ALFONSO *(Resuelto.)*

De estas dos espadas, una
tomad, don Álvaro, luego;   2060
tomad, que en vano procura
vuestra infame cobardía
darle treguas a mi furia
Tomad...

DON ÁLVARO *(Retirándose.)*

     No, que aún fortaleza
para resistir la lucha   2065
de las mundanas pasiones
me da Dios con bondad suma.
¡Ah! Si mis remordimientos,
mis lágrimas, mis confusas
palabras no son bastante   2070
para aplacaros; si escucha
mi arrepentimiento humilde
sin caridad vuestra furia,
   (Arrodíllase.)
prosternado a vuestras plantas
vedme, cual persona alguna   2075
jamás me vio...

DON ALFONSO *(Con desprecio.)*

     Un caballero
no hace tal infamia nunca.
Quien sois bien claro publica
vuestra actitud, y la inmunda
mancha que hay en vuestro escudo   2080

DON ÁLVARO *(Levantándose con furor.)*

¿Mancha?... ¿Y cuál?... ¿Cuál?...

DON ALFONSO

                                    ¿Os asusta?

DON ÁLVARO

Mi escudo es como el sol limpio,
como el sol.

DON ALFONSO

                              ¿Y no lo anubla
ningún cuartel de mulato?
¿De sangre mezclada, impura?   2085

DON ÁLVARO *(Fuera de sí.)*

¡Vos mentís, mentís, infame!
Venga el acero; mi furia
(Toca el pomo de una de las espadas.)
os arrancará la lengua
que mi clara estirpe insulta.
Vamos.

DON ALFONSO

Vamos.

DON ÁLVARO *(Reportándose.)*

                              No..., no triunfa   2090
tampoco con esta industria[71]
de mi constancia el infierno.
Retiraos, señor.

---

[71] *industria* tiene aquí el sentido de maña, ardid, artificio o estratagema, frecuente en la literatura española de la Edad de Oro. Cfr. la frase clásica de las
bodas de Camacho, convertidas en las de Basilio por habilidosa traza: «¡No
milagro, milagro, sino industria, industria!» *(Don Quijote,* 2.ª parte, cap. XXI).

DON ALFONSO *(Furioso.)*

>   ¿Te burlas
> de mí, inicuo? Pues cobarde
> combatir conmigo excusas,   2095
> no excusarás mi venganza.
> Me basta la afrenta tuya.
> Toma.
> *(Le da una bofetada.)*

DON ÁLVARO *(Furioso y recobrando toda su energía.)*

>   ¿Qué hiciste?... ¡Insensato!
> Ya tu sentencia es segura:
> Hora es de muerte, de muerte.   2100
> El infierno me confunda.
> *(Salen ambos precipitados.)*

ESCENA VII

El teatro representa el mismo claustro bajo que en las primeras escenas de esta jornada. El HERMANO MELITÓN *saldrá por un lado y como bajando la escalera,* DON ÁLVARO *y* DON ALFONSO, *embozado en su capa, con gran precipitación.*

HERMANO MELITÓN.—*(Saliéndole al paso.)* ¿Adónde bueno?

DON ÁLVARO.—*(Con voz terrible.)* Abra la puerta.

HERMANO MELITÓN.—La tarde está tempestuosa; va a llover a mares.

DON ÁLVARO.—Abra la puerta.

HERMANO MELITÓN.—*(Yendo hacia la puerta.)* ¡Jesús! Hoy estamos de marea alta. Ya voy... ¿Quiere que le acompañe? ¿Hay algún enfermo de peligro en el cortijo?...

DON ÁLVARO.—La puerta, pronto.

HERMANO MELITÓN.—*(Abriendo la puerta.)* ¿Va el padre a Hornachuelos?

DON ÁLVARO.—*(Saliendo con don Alfonso.)* ¡Voy al infierno!
(Queda el HERMANO MELITÓN *asustado.)*

ESCENA VIII

Hermano Melitón

¡Al infierno!... ¡Buen viaje!
También que era del infierno
dijo, para mi gobierno,
aquel nuevo personaje.   2105
¡Jesús, y qué caras tan...!
Me temo que mis sospechas
han de quedar satisfechas.
Voy a ver por dónde van.
      (Se acerca a la puerta y dice, como admirado.)
¡Mi gran padre San Francisco   2110
me valga!... Van por la sierra,
sin tocar con el pie en tierra,
saltando de risco en risco.
Y el jaco los sigue en pos
como un perrillo faldero   2115
Calla..., hacia el despeñadero
de la ermita van los dos
      (Asomándose a la puerta con gran afán;
a voces.)
¡Hola..., hermanos..., hola!... ¡Digo!
No lleguen al paredón,
miren que hay excomunión   2120
que Dios les va a dar castigo.
      (Vuelve a la escena.)
No me oyen: vano es gritar.
demonios son, es patente.
Con el santo penitente
sin duda van a cargar.   2125
¡El padre, el padre Rafael!...
Si quien piensa mal, acierta[72].

---

[72] Fórmula obligada por la rima: «piensa mal y acertarás» dice la locución popular.

Atrancaré bien la puerta...
Pues tengo un miedo cruel.
(Cierra la puerta.)
Un olorcillo han dejado   2130
de azufre... Voy a tocar
las campanas.
*(Vase por un lado, y luego vuelve por
otro como con gran miedo.)*
        Avisar
será mejor al prelado.
Sepa que en esta ocasión,
aunque refunfuñe luego,   2135
no el padre guardián, el lego
tuvo la revelación.
    (Vase.)

ESCENA IX

*El teatro representa un valle rodeado de riscos inaccesibles y de male-
zas, atravesado por un arroyuelo. Sobre un peñasco accesible con di-
ficultad, y colocado al fondo, habrá una medio gruta, medio ermita,
con puerta practicable y una campana que pueda sonar y tocarse desde dentro; el cielo representará el ponerse el sol de un día borrascoso, se
irá oscureciendo lentamente la escena y aumentándose los truenos y
relámpagos.* Don Álvaro *y* Don Alfonso *salen por un lado.*

Don Alfonso

De aquí no hemos de pasar.

Don Álvaro

No, que tras de estos tapiales
bien, sin ser vistos, podemos   2140
terminar nuestro combate.
Y aunque en hollar este sitio
cometo un crimen muy grande,

hoy es de crímenes día,
y todos han de apurarse.   2145
De uno de los dos la tumba
se está abriendo en este instante.

DON ALFONSO

Pues no perdamos más tiempo,
y que las espadas hablen.

DON ÁLVARO

Vamos; mas antes es fuerza   2150
que un gran secreto os declare,
pues que de uno de nosotros
es la muerte irrevocable,
y si yo caigo es forzoso
que sepáis en este trance   2155
a quién habéis dado muerte,
que puede ser importante.

DON ALFONSO

Vuestro secreto no ignoro,
y era el mejor de mis planes
(para la sed de venganza   2160
saciar que en mis venas arde),
después de heriros de muerte
daros noticias tan grandes,
tan impensadas y alegres,
de tan feliz desenlace,   2165
que el despecho de saberlas
de la tumba en los umbrales,
cuando no hubiese remedio,
cuando todo fuera en balde,
el fin espantoso os diera   2170
digno de vuestras maldades.

DON ÁLVARO

Hombre, fantasma o demonio
que ha tomado humana carne
para hundirme en los infiernos,
para perderme..., ¿qué sabes?...   2175

DON ALFONSO

Corrí el Nuevo Mundo... ¿Tiemblas?
Vengo de Lima... Esto baste.

DON ÁLVARO

No basta, que es imposible
que saber quién soy lograses.

DON ALFONSO

De aquel virrey fementido[73]   2180
que (pensando aprovecharse
de los trastornos y guerras,
de los disturbios y males
que la sucesión al trono
trajo a España) formó planes   2185
de tornar su virreinato
en imperio, y coronarse,
casando con la heredera
última de aquel linaje
de los Incas (que en lo antiguo,   2190
del mar del Sur a los Andes
fueron los emperadores)
eres hijo. De tu padre
las traiciones descubiertas,
aún a tiempo de evitarse,   2195

---

[73] «De aquel virrey fementido»... Ahora va a explicarse, por fin, todo el enigma que rodeaba el nacimiento de don Álvaro *(víd.* notas 20 y 52). No tiene fundamento histórico alguno la traición de un virrey del Perú, a comienzos del siglo XVIII, para restaurar el imperio precolombino de los incas.

con su esposa, en cuyo seno
eras tú ya peso grave,
huyó a los montes, alzando
entre los indios salvajes
de traición y rebeldía   2200
el sacrílego estandarte.
No los ayudó fortuna,
pues los condujo a la cárcel
de Lima, do tú naciste...
    (Hace extremos de indignación y sorpresa
Don Álvaro.)
Oye..., espera hasta que acabe.   2205
El triunfo del rey Felipe[74].
y su clemencia notable
suspendieron la cuchilla
que ya amagaba a tus padres,
y en una prisión perpetua   2210
convirtió el suplicio infame.
Tú entre los indios creciste,
como fiera te educaste,
y viniste ya mancebo,
con oro y con favor grande   2215
a buscar completo indulto
para tus traidores padres.
Mas no, que viniste sólo
para asesinar cobarde,
para seducir inicuo   2220
y para que yo te mate.

Don Álvaro *(Despechado.)*

Vamos a probarlo al punto.

---

[74] Se refiere al resultado de la Guerra de Sucesión (1700-1714), por la que fue reconocido rey de España Felipe V (1683-1746), primero de los Borbones.

Ahora tienes que escucharme,
que has de apurar, ¡vive el cielo!
hasta las heces el cáliz.   2225
Y si, por ser mi destino,
consiguieses el matarme,
quiero allá en tu aleve pecho
todo un infierno dejarte.
El rey, benéfico, acaba   2230
de perdonar a tus padres.
Ya están libres y repuestos
en honras y dignidades.
La gracia alcanzó tu tío,
que goza favor notable,   2235
y andan todos tus parientes
afanados por buscarte
para que tenga heredero...

DON ÁLVARO *(Muy turbado y fuera de sí.)*

Ya me habéis dicho bastante...
No sé dónde estoy, ¡oh, cielos!...   2240
Si es cierto, si son verdades
las noticias que dijisteis...,
    (Enternecido y confuso.)
¡todo puede repararse!
Si Leonor existe, todo.
¿Veis lo ilustre de mi sangre?...   2245
¿Veis?...

DON ALFONSO

        Con sumo gozo veo.
que estáis ciego y delirante.
¿Qué es reparación?... Del mundo
amor, gloria, dignidades,
no son para vos... Los votos   2250

religiosos e inmutables
que os ligan a este desierto,
esa capucha, ese traje,
capucha y traje que encubren
a un desertor que al infame   2255
suplicio escapó en Italia,
de todo incapaz os hacen.
Oye cuán truena indignado
   (Truena.)
contra ti el cielo... Esta tarde
completísimo es mi triunfo.   2260
Un sol hermoso y radiante
te he descubierto, y de un soplo
luego he sabido apagarle.

DON ÁLVARO *(Volviendo al furor.)*

¿Eres monstruo del infierno,
prodigio de atrocidades?   2265

DON ALFONSO

Soy un hombre rencoroso
que tomar venganza sabe.
Y porque sea más completa,
te digo que no te jactes
de noble... Eres un mestizo,   2270
fruto de traiciones...

DON ÁLVARO *(En el extremo de la desesperación.)*

        Baste.
¡Muerte y exterminio! ¡Muerte
para los dos! Yo matarme
sabré, en teniendo el consuelo
de beber tu inicua sangre.   2275
   (Toma la espada, combaten, y cae herido
DON ALFONSO.)

Don Alfonso.—Ya lo conseguiste... ¡Dios mío! ¡Confesión. Soy cristiano... Perdonadme..., salva mi alma...

Don Álvaro.—*(Suelta la espada y queda como petrificado.)* ¡Cielos!... ¡Dios mío! ¡Santa Madre de los Ángeles!... ¡Mis manos tintas en sangre..., en sangre de Vargas!...

Don Alfonso.—¡Confesión! ¡Confesión!... Conozco mi crimen y me arrepiento... Salvad mi alma, vos, que sois ministro del Señor...

Don Álvaro.—*(Aterrado.)* ¡No, yo no soy más que un réprobo, presa infeliz del demonio! Mis palabras sacrílegas aumentarían vuestra condenación. Estoy manchado de sangre, estoy irregular[75]...: Pedid a Dios misericordia... Y... esperad..., cerca vive un santo penitente... podrá absolveros... Pero está prohibido acercarse a su mansión... ¿Qué importa? Yo, que he roto todos los vínculos, que he hollado todas las obligaciones...

Don Alfonso.—¡Ah! ¡Por caridad, por caridad!...

Don Álvaro.—Sí, voy a llamarlo... al punto...

Don Alfonso.—Apresuraos, padre... ¡Dios mío! (Don Álvaro *corre a la ermita y golpea la puerta.)*

Doña Leonor.—*(Dentro.)* ¿Quién se atreve a llamar a esta puerta? Respetad este asilo.

Don Álvaro.—Hermano, es necesario salvar un alma, socorrer a un moribundo; venid a darle el auxilio espiritual.

Doña Leonor.—*(Dentro.)* Imposible, no puedo; retiraos.

Don Álvaro.—Hermano, por el amor de Dios.

Doña Leonor.—*(Dentro.)* No, no; retiraos.

Don Álvaro.—Es indispensable; vamos. *(Golpea fuertemente la puerta.)*

Doña Leonor.—*(Dentro, tocando la campanilla.)* ¡Socorro! ¡Socorro!

---

[75] *irregular,* 'incapacitado canónicamente para ejercer las órdenes sagradas, por causa de delito'.

ESCENA X

Los Mismos *y* Doña Leonor *vestida con un saco y esparcidos los cabellos, pálida y desfigurada, aparece a la puerta de la gruta, y se oye repicar a lo lejos las campanas del convento.*

Doña Leonor.—Huid, temerario; temed la ira del cielo.

Don Álvaro.—*(Retrocediendo horrorizado por la montaña abajo.)* ¡Una mujer!... ¡Cielos!... ¡Qué acento! ¡Es un espectro!... ¡Imagen adorada!... ¡Leonor! ¡Leonor!

Don Alfonso.—*(Como queriéndose incorporar.)* ¡Leonor! ¿Qué escucho? ¡Mi hermana!...

Doña Leonor.—*(Corriendo detrás de* Don Álvaro.*)* ¡Dios mío! ¿Es don Álvaro?... Conozco su voz... Él es... ¡Don Álvaro!

Don Alfonso.—¡Oh furia!... Ella es... ¡Estaba aquí con su seductor!... ¡Hipócritas!... ¡¡Leonor!!

Doña Leonor.—¡Cielos! ¡Otra voz conocida!... Mas ¿qué veo? *(Se precipita hacia donde ve a* Don Alfonso.*)*

Don Alfonso.—¡Ves al último de tu infeliz familia!

Doña Leonor.—*(Precipitándose en los brazos de su hermano.)* ¡Hermano mío!... ¡Alfonso!

Don Alfonso.—*(Hace un esfuerzo, saca un puñal y hiere de muerte a* Leonor. *)* Toma, causa de tantos desastres, recibe el premio de tu deshonra... Muero vengado. *(Muere.)*

Don Álvaro.—¡Desdichado!... ¿Qué hiciste?... ¡Leonor! ¿Eras tú?... ¿Tan cerca de mí estabas?... ¡Ay! *(Se inclina hacia el cadáver de ella.)* Aún respira... aún palpita aquel corazón todo mío... Ángel de mi vida..., vive, vive; yo te adoro... ¡Te hallé, por fin... sí, te hallé... muerta! *(Queda inmóvil.)*

ESCENA ÚLTIMA

Hay un rato de silencio; los truenos resuenan más fuertes que nunca, crecen los relámpagos y se oye cantar a lo lejos el Miserere *a la comunidad, que se acerca lentamente*[76].

(*Voz dentro*). Aquí, aquí. ¡Qué horror!

(DON ÁLVARO *vuelve en sí y luego huye hacia la montaña. Sale el* PADRE GUARDIÁN *con la comunidad, que queda asombrada.*)

PADRE GUARDIÁN.—¡Dios mío!... ¡Sangre derramada!... ¡Cadáveres!... ¡La mujer penitente!

TODOS LOS FRAILES.—¡Una mujer!... ¡Cielos!

PADRE GUARDIÁN.—¡Padre Rafael!

DON ÁLVARO.—(*Desde un risco, con sonrisa diabólica, todo convulso, dice.*) Busca, imbécil, al padre Rafael... Yo soy un enviado del infierno, soy el demonio exterminador... Huid, miserables.

TODOS.—¡Jesús! ¡Jesús!

DON ÁLVARO.—¡Infierno, abre tu boca y trágame! ¡Húndase el cielo, perezca la raza humana; exterminio, destrucción...! (*Sube a lo más alto del monte y se precipita.*)

EL PADRE GUARDIÁN Y LOS OTROS FRAILES.—(*Aterrados y en actitudes diversas.*) ¡Misericordia, Señor! ¡Misericordia!

---

[76] La escenografía romántica, concebida por el gusto pictórico del Duque de Rivas alcanza en esta escena última dimensiones sobrecogedoras. El *Miserere* es el salmo penitencial que comienza con esta palabra (= «ten compasión»), e ilumina con una esperanza religiosa el desenlace de una cadena fatalista de horrores.